U0001685

# 深度造假

## DEEP FAKES AND THE INFOCALYPSE

### What You Urgently Need to Know

NINA SCHICK

妮娜・敘克——著

林曉欽——譯

目次

CONTENTS

推薦序一歡迎來到最後真相的錫安城，一起守護　葛如鈞　007

0

導論：混亂的反烏托邦　013
何謂深度造假　015
資訊末日的形成　020
利用移民危機　023
風雨欲來　027

1

深度造假的引爆點：Reddit子論壇「r/deepfakes」
媒體控制的歷史　033
置身電影世界　037
人工智慧革命：深度學習　039

守則第三十四條 041
迎合（男性）最狂野的幻想 047
「生成對抗網路」教父 050
不斷擴張發展的科技力量 053

## 2／俄羅斯：資訊戰大師

冷戰起源 061
感染行動 062
拉赫塔計畫 067
「雙重騙局」行動 082
危機漸起 085
影響層面更廣的問題 089

3／西方世界：內部威脅
世界各國的指標 095
信任危機 097
議題設定 101
粗劣造假和深度造假 106
黨派對立 110
「我不能呼吸」 116
二〇二〇與資訊末日 120

4／全球資訊失序：亞洲、非洲和拉丁美洲
形成全球威脅 126
深度造假與人權 130
騙徒紅利：加彭的深度造假政變 136

偽造性醜聞？ 140

5／失控的深度造假
全民危機 151
摧毀事業和人生 154
所有女性都是目標 160
擦槍走火的「披薩門」事件 165

6／武漢肺炎：資訊末日全球擴散的「完美示範」
中國的角色 172
武漢肺炎、川普和二〇二〇美國總統大選 178
武漢肺炎催生出陰謀論者 185
獨裁者和罪犯 188

7

## 「反資訊末日」盟友集結！


第一步：了解 194
第二步：防堵 196
第三步：反擊 205
未來展望 209

致謝 210
參考資源 212
註釋 219

推薦序

FOREWORD

# 歡迎來到最後真相的錫安城，一起守護

葛如鈞（北科大互動系助理教授）

二〇一八年初的一個晚上，我突然在社群網站看到一個關鍵字「Deepfake」（深度造假，簡稱「深假」），相關消息如暴雨般襲來橫流在整個網路，而且多半都是英文資訊。當時沒有什麼中文翻譯，多是推特訊息夾帶一個GIF動畫或短片，標註著#Deepfake，內容大半是知名好萊塢女明星正在做撩人的動作，如對著鏡頭寬衣，或是在床上嘻笑玩弄情趣用品。一開始，我還以為是女星的手機又被駭客入侵了，但是沒多久國際新聞媒體傳來最新消息，原來是有不知名電腦高手開發出最新AI應用，只消幾張照片、一張電腦遊戲顯示卡，加上一台家用電腦主機，約莫幾個小時就能製作出一段維妙維肖的真人偽造影片，而這技術竟然在不久之前「開源」了，也就是任何人都能自由下載編修程式、在自己的電腦上運行，製作出任何想要的影片！

霎時間，整個網路都沸騰了，瘋傳著各式各樣的深度造假影片，從尼可拉斯．凱吉（Nicholas Cage）擔綱天行者路克的《星際大戰》（*Star Wars*）片段、到香港脫星演出《水行俠》（Facebook），好不熱鬧；不過仍以一個又一個美麗女星「流出」的情色片段最多，搞得眾人十分錯亂，分不清哪些是新聞、哪些是駭客盜圖、哪些則是有心人利用電腦程式偽造，因為每段影片看起來都無比真實，要說是偽造，卻比好萊塢電影合成技術更高深，連最厲害的高手都難找出破綻。不出幾天，美國最大社群網站臉書（Facebook）和推特（Twitter）只好聯手以幾近強制封鎖的方式，大幅降低出現「#Deepfake」相關標籤文章的曝光率和流傳率，這場風波才看似平息。當時因關注這項技術，我立刻下載Deepfake軟體和學生研究並製造出「寶博士出演鋼鐵人」和「寶博士主演紙牌屋」兩段影片，從一開始的數百到數千人次熱門點閱，瞬間變得乏人問津，這驗證了不只臉書和推特，連YouTube都可能加入了封鎖深假技術的行列。

在那之後，每隔一段時間都會有新的偽造影片出現：臉書創辦人馬克．祖克柏

（Mark Zuckerberg）因為拒絕下架深假影片，反遭惡意的反對者製成深假影片，讓他「現身」推特大談臉書侵害人權和奪人隱私；有機器人發瘋攻擊人類被側錄、嚇壞百萬民眾，而幾天後才公開那其實也是深假技術的傑作。二〇二〇年一月，在台灣總統大選前一週、也就是一月三日下午大約四點，網路上突然開始流傳一段總統候選人搭配周星馳的搞笑影片，片中那位候選人不只談到與自己有關的賭盤，甚至講了許多對自己非常不利的話。雖然影片製作者刻意找了身形不太一樣的演員，但臉部表情和合成部分栩栩如生，簡直就是那名候選人本人。當時我一看到影片就像被電到般，馬上意識到影片技術相當純熟。若是出了「續集」，拿掉模仿周星馳無厘頭搞笑的部分，並找來更多身形相像的演員扮演更多候選人、說出更多爆炸性言論，例如「兩岸自即日起開戰（或統一）」，難保不會對選舉造成巨大震盪或影響，甚至翻盤也不無可能。所幸我立即在網路上發出警示，有數千人轉載了我的文章、許多網路知名人士分享轉貼，算是即時阻止了假影片擴散，上百網友也紛紛留言要求製作者出面說明；而原影片標榜的「還有後續，敬請期待」就無疾而終了。

剛剛所說的都是過去的事，而且只是發生在台灣網路圈的一個小案例。而本書

《深度造假：比真實還真的AI合成技術，如何奪走人類的判斷力，釀成資訊末日危機？》則幾乎納入了瘋傳全球的各色案例，從最經典的普丁、川普等名人偽造影片，到二〇二〇年四月的第一支深假廣告利用九〇年代的檔案影片來偽造內容和發音，讓一個三十年前的主播重現螢幕、預言著三十年後的未來——網飛（Netflix）即將推出NBA紀錄片。更不用提從深度造假的技術層面，到許多政治人物帶起的假新聞、假事實、後真相狂潮，書中也多所著墨；包括二〇二〇年五月的黑人男子喬治·佛洛伊德（George Floyd）之死，以及近來全球因病毒肆虐陷入本世紀最嚴重的疫情危機，美國總統卻告訴媒體「注射消毒水」可以消滅病毒。此外，不只是視覺上的欺騙、新聞上的帶風向，連電話語音都可能成為深假戰場。二〇一八年，Google年度發表會就公開了一種名為「Duplex」的技術，現場讓AI合成語音打電話到髮廊和餐廳預約，兩個任務都順利完成。其中AI發出了人類不置可否時的「嗯哼」口音，更讓全場爆出如雷掌聲，也讓所有人驚艷（訝），原來AI要模仿人類說話，是如此易如反掌！

我也是從二〇一八年開始持續關注假新聞、假影片、假語音等各種造假技術，除了親身測試之外，也不斷撰寫文章希望引起更多討論與關注；畢竟，我們認為「眼見為憑」的時代，看來馬上就要走入歷史，但多數人還停留在舊時代、舊思維，渾然不覺電腦技術加上有心人的操弄，幾乎可以在數位世界創造出任何人事物。要利用現在的技術偽造一通視訊電話，讓你看見鏡頭另一端的親友被綁架、滿身是傷向你求救，Easy！要讓你看見支持的政治人物現身匪區遞送降書並發表投共宣言，也沒問題！要用各種方法讓你看見各種「真相」，甚至進一步交付信任、錢財等有形、無形之物，將比過去容易千萬倍。那麼，我們還能有什麼方法驗證真相？二〇二〇年八月底，瘋狂企業家伊隆．馬斯克推出腦內電腦「Neuralink」第一代裝置，宣稱未來音樂將可直送腦袋，語言的傳輸可以不必開口。可以想見，未來世界的各色畫面將能在那個小小裝置裡「『畫』給你看」，連味道和觸覺也能透過該裝置仿製給大腦進行接收；也就是說，未來不只眼見不為憑，連摸到了也不見得是真的！這該怎麼辦？！

本書是我們邁向新世界的開始，雖然痛苦，但也將能讓我們保有真知灼見。識破真相的道理，就在於先理解偽造技術已達到何種程度。如同書中最末章所說，要能抗拒深度造假的未來，唯有從第一步「了解」開始做起，而後才有「防堵」和「對抗」的可能。來吧！AI合成技術失控下的暗黑未來早就悄然來到，吾人與假資訊的末日之戰早該展開。讓我們提高警覺，清醒地捍衛這最後的真識城池——我稱之為真相的錫安城——需要眾人一起守護！

# 0

# 導論：混亂的反烏托邦

DEEP

FAKES

Youtube上有一支關於美國前總統歐巴馬（Barack Obama）的瘋傳影片，點閱次數近七百五十萬。影片標題極為誘人：「你一定不信歐巴馬在這段影片說了什麼！」只見歐巴馬直視鏡頭、坐在桃花心木椅上，場景就像白宮的總統辦公室。歐巴馬看起來老了些——從他髮間摻雜的白髮即可見端倪，但他的模樣依然非常輕鬆自信。而在他右肩後方可以窺見美國國旗。一如往常，歐巴馬穿著體面，平整的白襯衫搭配藍色領帶，西裝外套左領別著美國國旗。你點下了播放鍵，「我們正進入一個年代，我們的敵人可以讓任何人、在任何時間、說出任何內容，」歐巴馬在影片開場說道：「即使是那些人永遠不會說的話。舉例來說……」他加上手勢：「他們就有辦法讓我說出：『川普總統不折不扣是個笨蛋！』」他的眼神似乎帶有笑意：「現在明白了吧，我絕不會說這種話，至少不會在公開場合說。」

歐巴馬從未說過這些話。這是一支假影片——亦即所謂的「深度造假」（deepfake），乃是人工智慧（Artificial Intelligence，簡稱ＡＩ）的產物。歡迎各位來到未來！在這個時代，人工智慧的力量已經能讓任何人說出他們不曾說的話、做出他們不曾做過的舉動。每個人都可能成為目標，也都能否認一切。在失能的「資訊生態系統」

（information ecosystem，特徵就是錯誤資訊〔misinformation〕和不實資訊〔disinformation〕），人工智慧和深度造假就是最新的威脅，而且持續不斷升級。

## 何謂深度造假

深度造假是一種「合成媒體」（synthetic media，又譯「合成內容」），代表媒體內容（包括圖片、聲音和影像）受到操控，或完全由人工智慧創造。ＡＩ技術讓媒體控制變得更輕鬆，也更容易了（例如Photoshop或Instagram的濾鏡功能）。然而，ＡＩ近年來的發展已讓機器具備製造完全合成媒體的能力，媒體控制的層次也隨之提高。這種現象將產生巨大的衝擊，影響我們創作、溝通，以及詮釋世界的方式。這項科技雖然興起不久，但不出幾年，任何持有智慧型手機的人，只需要些微技巧或努力，就可以幾乎零成本地創造出媲美好萊塢等級的特效。

雖然這種技術帶來許多正面發展（例如讓電影和電腦遊戲變得更有看頭），但也能變成一種攻擊武器。當合成媒體被人惡意使用，企圖提供不實或錯誤資訊時，就是所謂的「深度造假」。這是我個人對於「深度造假」的定義。這個領域才剛興起，因此在分類上依然莫衷一是。然而，由於合成媒體的使用案例（use case）好壞皆有，本書的「深度造假」專指：任何意圖提供錯誤和不實資訊的合成媒體。

方才提到的歐巴馬假影片，是由好萊塢導演喬登．皮爾（Jordan Peele）和美國網路新聞媒體公司Buzzfeed基於教育目的共同製作而成——旨在提醒民眾提防濫用合成媒體帶來的潛在威脅。片中「那個歐巴馬」繼續說：「從今而後，對於網路上那些令我們不疑有他的資訊，要更加警覺。這句話聽起來可能了無新意，但我們如何因應資訊時代（Age of Information），將會決定我們是生存下來，或是整個世界淪為混亂的反烏托邦*。」①

不幸的是，我們已經身處「混亂的反烏托邦」之中了。在當今時代，我們的資訊

* 編按：反烏托邦（dystopia）是烏托邦（utopia）的反義詞，意指人類對理想世界的渴望，反被用來作為控制人類的工具，最終演變為毫無人性、極度惡劣的社會型態。人類設下規則、訂下法律、發明新科技等，卻讓世界走向了另一種極端。

生態系統早已遭到污染，而且非常危險。我們正面臨空前巨大的「錯誤和不實資訊」危機。為了分析和討論此問題，我需要找到一個適合的詞彙來描述當今全體人類所處的「混亂」資訊環境。而我決定使用「資訊末日」（infocalypse）一詞。為了符合本書題旨，我將資訊末日定義為：目前絕大多數人所處的資訊生態系統，危險程度日漸增加，可信度卻愈來愈低。

「資訊末日」一詞由美國科技專家阿維夫・歐維亞（Aviv Ovadya）於二〇一六年提出。當時他用這個詞彙，警告世人留意惡質資訊已充斥整個社會，同時思忖有沒有一種「臨界指標」（critical threshold），一旦達標、社會將再也無法負荷。歐維亞所指的「資訊末日」，並沒有單一明確的定義，而是融合不同觀念而成。一如他所正名，資訊末日並非靜態的「事物」或單一事件，而是人類社會持續演變的狀態，我們每個人涉入的程度都會愈來愈深。個人認為，資訊末日現象影響的層面日漸擴大，對地緣政治（geopolitics）、乃至於我們的個人生活，都將產生危害。

我們難以指出資訊末日形成的開端，或實質的影響程度。不過，資訊末日確實與本世紀初科技發展呈指數成長有關。在邁入千禧年之前，資訊環境進步的速度較為緩慢，我們的社會有更多時間適應新科技。從印刷術誕生到攝影術問世，足足間隔了四百年之久。但僅在過去短短三十年內，網路、智慧型手機和社群媒體就改造了我們的資訊環境。到了二〇二三年，全球大約三分之二的人口（約合五十三億人）都會加入這個急速演變的資訊大環境；另外三分之一也很快就會跟進。在這樣的資訊生態環境，影像儼然是最強而有力的溝通媒介。

演變之快，導致資訊生態系統很容易遭人利用。惡意的行動者（bad actor）——大至民族國家，小至個人行動的「意見領袖」——逐漸利用新環境的形勢來散播「錯誤資訊」（亦即刻意誤導大眾的資訊），圖謀不軌。快速變動的資訊環境還有一種副作用：「錯誤資訊」的擴散。錯誤資訊和不實資訊不同。不實資訊的目的是欺騙，而錯誤資訊僅是不可靠的消息，背後沒有惡意。雖然錯誤或不實資訊都不是新觀念，但規模今非昔比，且影響力益發強大；某部分而言，這是去脈絡化以及（或者）經過編輯的影像與圖片所致，也就是我們熟知的「粗劣造假影片」（cheapfake）。由於我們目前仍處於AI革命的起步階段，這起革命將導致資訊生態系統進一步演進，使得問題更加惡化。機器愈來愈擅長製造合成媒體，人類互動、以及詮釋資訊和世界的方法也會改變。AI革命所帶來的，將是真假難辨的錯誤和不實資訊，亦即「深度造假」。

資訊末日有個顯著特徵，那就是對於如何呈現和理解這個世界，想建立合理的共識愈來愈難了。我們時常覺得自己被迫「選邊站」。進入資訊末日，即使想建立普遍「事實」原則，並在此原則下進行理性辯論，都可能成為一大挑戰。在受到污染的資訊生態系統之中，愈來愈多人日漸政治化；面對棘手的問題（種族、性別、墮胎、英國脫歐、唐納・川普〔Donald Trump〕、武漢肺炎〔COVID-19，又稱新型冠狀病毒肺炎，簡稱新冠肺炎〕等），立意良善的努力被導向輸贏之爭，終究落入派系對立的惡性循環。資訊末日下，爭執雙方無法說服彼此——每一次嘗試都只是在承擔歧見加深的風險。除非將注意力和能量導向正途，去面對失能的資訊生態系統所產生的結構問題，否則無法阻止社會逐漸走向分裂。至於我開始研究深度造假和資訊末日的契機？透過十年的政治參與經驗，我發覺這個主題和政治息息相關。

## 資訊末日的形成

二〇一四年，我在英國西敏寺的歐盟政策智庫服務，針對俄羅斯併吞克里米亞及入侵東烏克蘭，分析歐盟的反應。我日以繼夜地工作，持續和國際新聞網合作。②歐盟遲遲未有共識，莫斯科當局卻顯然已有萬全的準備。俄羅斯斷然否認侵略烏克蘭，宣稱這是西方政治人物和評論人意圖抹黑俄羅斯的行動。

俄羅斯對於烏克蘭事件的說法如下：烏克蘭已經陷入內戰，由支持俄羅斯的「分離主義反叛軍」對抗烏克蘭國家政府。我曾和某位支持克里姆林宮的評論員有過一場激辯。對方是一位年邁的紳士，在佛拉迪米爾・普丁（Vladimir Putin）掌權前曾擔任俄羅斯前總統葉爾欽的顧問。我們的對話是一場災難，但確實是非常聳動的電視題材。我們甚至無法就單純的事實取得共識，更別提有意義的辯論了。當我試圖解釋歐盟對俄羅斯侵略行為的反應，對方卻完全否認俄羅斯已發動戰爭。我們之間缺乏對現實的共識，因此沒有任何理性對話的基礎。

數月以來，俄羅斯與烏克蘭危機成為我工作的重心，而當地的事態發展則淪為一齣超現實悲劇。東烏克蘭的「分離主義反叛軍」將一架客機誤認為軍機並擊落。這架馬來西亞航空公司的ＭＨ－１７班機，機上二百八十三名乘客和十五名機組員全數罹難。我在倫敦各地的電視台攝影棚裡探討西方世界對這起悲劇的回應，空難現場的影像卻揮之不去：東烏克蘭的田野上四散著班機的破碎殘骸。

隨後的調查結果顯示，俄羅斯軍隊才是擊落ＭＨ－１７的幕後主使，也查出曾有導彈發射器從俄羅斯國境運往烏克蘭後，又運回了俄羅斯。③ 時至今日，即使謊言已被揭穿，莫斯科當局依然否認涉入。正如「英國國會情報和安全委員會」（Intelligence and Security Committee，簡稱ＩＳＣ）在二〇一七年做出的結論：

> 俄羅斯當局發動大規模的資訊戰爭（中略）其中一個近期的例子，就是非常密集且多管齊下的宣傳戰，意圖說服全世界，俄羅斯與ＭＨ－１７遭到擊落無關（這是徹底的誤導：毫無疑問地，俄羅斯軍隊使用了導彈系統發射飛彈，並在事件發生後將其回收）。④

隨著事情曝光，最令人震驚的，莫過於克里姆林宮當局如何全面利用新興的通訊工具、特別是社群媒體，企圖散播有利俄羅斯的說法。由國家資助的國際電視網「今日俄羅斯」（Russia Today，簡稱RT）在YouTube進行免費直播。當時，今日俄羅斯頻道也針對MH－17和烏克蘭戰爭，播送有利克里姆林宮的說法。今日俄羅斯電視網的總編輯瑪格麗塔．西蒙尼揚（Margarita Simonyan）在二〇一四年的一次採訪中表示，今日俄羅斯為了俄羅斯「挺身而出」，「發動資訊戰爭」對抗「整個西方世界」。[5]該媒體的成功源自於看見YouTube的潛力。到了二〇一七年，YouTube每日觀看時數飆升至十億小時，等同於一個人不眠不休地收看十萬年之久。[6]在這個無比強大的平台上，今日俄羅斯是流量最高的新聞頻道，觀看次數超過十億，並同時以英語、西班牙語、法語、德語、阿拉伯語、俄語等語言播出。然而，播放的內容並非為了造福旅居其他國家的俄羅斯僑民。

YouTube不是莫斯科當局唯一使用的社群媒體平台。二〇一三年，克里姆林宮設立的「網路研究局」（Internet Research Agency，簡稱IRA），成為情報單位機構之一。IRA的任務，就是利用社群媒體平台滲透外國輿論，並以符合莫斯科當局利益的方式「影響」各種議題。網路研究局首先瞄準烏克蘭，但很快就將注意力轉至西方世界——因操控二〇一六年美國總統大選而惡名昭彰。然而，據我在研究過程所見，早在美國總統大選前，俄羅斯的手就伸向歐洲了。

## 利用移民危機

很少人知道不實資訊攻擊的目標始於歐洲。但我從二〇一五至二〇一六年的移民危機中，就觀察到俄羅斯的影響。俄羅斯的策略為煽動並利用移民危機；煽動方式是透過實戰，第一步就發生在二〇一五年。俄羅斯軍隊增加空襲頻率，以扶植敘利亞的阿塞德（Assad）政權。俄羅斯宣稱他們的空襲目標是伊斯蘭國恐怖分子，但國際社群隨即證實了空襲的真相。即使未強烈抵抗，不支持阿塞德政權的平民仍遭受無差別攻擊。[7]北大西洋公約組織（North Atlantic Treaty Organization，簡稱ＮＡＴＯ）形容俄羅斯的空襲出於縝密的「武裝移民」戰略，製造大量的移民潮，進而「動搖歐洲的體制、瓦解歐洲人的決心。」[8]俄羅斯在敘利亞進行軍事行動之後，歐洲各國的國境果然立刻湧現了大規模移民潮（包括難民、經濟移民及零星恐怖分子）。移民主要由海路進入歐洲，許多人因此喪命。其後，作為一項裝置藝術，中國藝術家艾未未在建於十九世紀的柏林音樂廳廊柱上覆蓋一萬四千件螢光橘色救生衣，藉此紀念「溺死的難民」。[9]

歐盟會員國陷入嚴重對立，主要源於德國總理梅克爾（Angela Merkel）的門戶開放政策。二〇一五年夏季有超過百萬難民進入德國；高峰期，每天就有一萬名難民入境。這些難民並未接受任何查驗。在梅克爾察覺危機的規模後，政策立刻有了一百八十度的轉變——推動移民額度制，要求由歐盟會員國共同分擔。而在部分會員國斷然拒絕時，歐盟幾乎分崩離析。各國紛紛提高法規限制，並重啟國境檢查。抵達歐洲的難民被導引步行至德國。最後，德國也被迫封鎖國境。

迄今，我們尚未完全明白這些重大事件的影響，但這一切確實會形塑歐盟（以及德國）未來的世代。當下產生的政治結果已經造成歐洲政治的轉變。伊斯蘭恐怖分子透過移民潮的掩護進入歐洲，在歐洲主要城市實行數起嚴重的恐怖攻擊，包括二〇一五年的巴黎、二〇一六年三月的布魯塞爾，以及同年的柏林。二〇一四至二〇一八年間，共有一百零四名已知的伊斯蘭恐怖分子進入歐盟，其中二十八人發動了恐怖攻擊，造成一百七十人喪命，八百七十八人受傷。多數恐怖分子以避難為由尋求國際庇護，得以停留在歐洲國家。「在發動攻擊或預謀攻擊而遭逮捕前，恐怖份子停留的時間平均為十一個月。這顯示庇護程序助長了恐攻計畫。」⑩

資訊戰早已如火如荼地進行，克里姆林宮則持續火上加油。俄羅斯的資訊操作滲透了歐洲國家的輿論，企圖使其主導的移民危機惡化，造成各國國內情勢緊張。其中一項行動就是「麗莎」（Lisa）的故事：一名十三歲的德國女孩據傳遭到國內難民集體性侵。故事由俄羅斯國家電視台率先披露，隨後傳播至社群媒體，立刻瘋傳，最後演變成抗議群眾在柏林的德國總理府外示威，指控政府隱匿事實。⑪但事實上，「麗莎」的故事純屬造假。⑫

我們的資訊空間迅速惡化，充滿錯誤和不實資訊。不實資訊非常危險，因為它利用了既真實、且往往十分合理的恐懼心理，錯誤資訊則進一步地體現了這種恐懼。錯誤和不實資訊共同創造出狂熱的環境，社會大眾則陷入激烈對立。歐洲許多因此受惠的新興民粹政黨，據說都與克里姆林宮有關；政黨領導者也公開表達對莫斯科當局的支持，例如承認俄羅斯吞併克里米亞，以及要求歐盟停止制裁俄羅斯。這些政黨包括匈牙利青民盟（Fidesz）、義大利北方聯盟（Lega Nord）、法國民族陣線（Front National）*、奧地利自由黨（Freiheitliche Partei Österreichs，簡稱FPÖ；該黨曾涉及一起與俄羅斯有關的醜聞，最後導致二〇一九年的奧地利政府垮台），以及德國「另類選擇黨」（Alternative für Deutschland，簡稱AfD）。⑬

二〇一七年，在這種狂熱的政治氛圍中，我對艾曼紐．馬克宏（Emmanuel Macron）的總統大選團隊進行了分析。曾有一段時間，馬克宏看似可能輸給瑪琳．勒朋（Marine Le Pen）**。投票前兩天，馬克宏陣營遭到駭客的激烈攻擊，據傳和一年前攻擊希拉蕊．柯林頓（Hillary Clinton）陣營的幕後主使相同。⑭

二〇一三年起，研究英國政治的工作，讓我得以第一手觀察這些事件如何成為社會大眾在二〇一六年投票脫歐的關鍵。支持脫歐的陣營掌握了歐洲大陸的動盪，趁勢

* 譯註：二〇一八年六月後，法國民族陣線已改名為國民聯盟（Rassemblement national）。

** 譯註：瑪琳．勒朋是民族陣線創立者尚－馬里．勒朋（Jean-Marie Le Pen）的女兒。瑪琳於一九八六年加入民族陣線、二〇一一年一月接任黨魁，並於二〇一七年投入法國總統大選，進入第二輪投票後才敗給馬克宏。

主張留在歐盟是冒險之舉。我個人認為，訴諸大眾對移民議題的擔憂，使他們獲得決定性的優勢。由此視角來看，歐洲移民危機是脫歐支持者的助力，讓他們的訊息更打動人心。⑮

## 風雨欲來

政治動盪和資訊末日的發展密不可分。我在二〇一七年末初次接觸到深度造假，也因此得以預見，這項技術將成為新一代的錯誤和不實資訊，帶來威脅。人工智慧可以創造或控制影像和聲音。更重要的是，技術的取得愈來愈容易、且更為精良，最終任何人都能信手拈來。每個人都有能力讓他人出現在不曾造訪的地點，從事不曾從事的行為，或是述說不曾述說的言論。如果遭到濫用，對於已開始腐化的資訊生態系統將造成嚴重的威脅，影響我們理解和探索世界。

二〇一八年，我成為NATO前任祕書長安德斯・福格・拉斯穆森（Anders Fogh Rasmussen）的政策顧問。當時他正召集全球領袖（包括美國前副總統喬・拜登〔Joe

Biden」），研擬如何防堵外國勢力介入美國選舉——他特別關注即將到來的二〇二〇美國總統大選。我知道深度造假必定會列入議程——將深度造假技術用於選舉活動，只是時間的問題。身為顧問，我竭力敦促這些領導者思考ＡＩ在資訊末日中會如何遭到濫用，促請他們對未來無可避免的深度造假攻擊預做準備。

至此，資訊末日變得更加危機重重。不僅影響西方自由民主政體，二〇二〇年十一月的美國總統大選也會成為世界各國的前車之鑑。二〇一八年，我向拉斯穆森等人提出警訊：腐化的資訊生態系統將帶來威脅。我很擔心自己一語成讖。事實上，正如我在後文會提及，本書出版之際，資訊末日引發的極端對立和不信任，將導致美國國內爆發的社會動盪無法平息。

自從我開始針對錯誤和不實資訊發表文章和談話，以及深度造假如何用於這個廣泛的議題，這一領域也開始大受矚目。雖然，我最初是從政治的角度來面對深度造假，並認知到我們的資訊生態系統正在崩壞，但其影響並不止於政治領域。撰寫本書時，我有個謙卑的目標，就是協助各位讀者理解，我們的資訊生態系統已變得如此危險且不可信，其傷害遠遠超乎政治——甚至入侵我們的私人生活。我希望，此一理解可以協助我們團結一致、加強防備，並且開始反擊。我們的社會必須更懂得如何對抗資訊末日。理解現況就是第一步。

以下正文將提供各位讀者不可或缺的知識。

# 1

## 深度造假的引爆點：
## Reddit子論壇「r/deepfakes」

DEEP
FAKES

· 哪一張臉是假的？

請看上圖。你能看出哪一張臉是假的嗎？如果你選擇左邊那組像素較低的黑白照片，你答對了；不過，若你選擇的是右邊的兩張照片，也沒有錯。這些都是由人工智慧生成的假照片，也就是所謂的合成媒體。

媒體控制——包括照片、影像和聲音——長期都由專家或握有大量資源者主導，例如一國政府或好萊塢電影公司。近年來，科技讓人為控制變得更容易、門檻更低。現在，人工智慧則提供人類嶄新的工具，讓機器能製造完全合成（或偽造）的媒體內容。這項科技雖然尚未成熟，但我們已經進入人工智慧革命的初期階段，媒體將徹底改變現實的呈現方式。

目前，由人工智慧製造的合成媒體，發展的速度已經超越社會的認知。我們依然傾向認為，影像和聲音可以信任、不會遭到竄改。然而，隨著合成媒體的存在愈來愈普及，我們必須做好準備，迎接眼見和耳聞都不再為憑的世界。

## 媒體控制的歷史

十九世紀照相技術誕生後，人類在歷史上首次擁有以非人媒介「捕捉現實」的能力。這個媒介很快就受到人為干預。竄改照片已行之有年，舉個一八六〇年代的先例：美國前總統亞伯拉罕・林肯（Abraham Lincoln）遭暗殺後，由於未留下符合「英雄形象」的塑像，為了彌補這點，一位雕刻師決定將林肯的頭部照片移花接木，放到南方政治人物約翰・卡宏（John C. Calhoun）的身體上。過了一個世紀，始終沒有人發現；直到最近，照片被人動過手腳的真相才公諸於世。

提到照片造假的名人，約瑟夫・史達林（Joseph Stalin）則是另一個案例。正如以史達林主義之名犯下的種種暴行，史達林的信條亦與竄改歷史畫上等號，連眼睛所見也不放過。在其獨裁統治下，竄改照片的工作有專人負責。由於當時缺乏現代的修圖軟體，想以假亂真，需要相當熟練的技術。舉例來說，將部分底片剪下、疊放於其他底片的過程就相當費力。專人仔細地在底片添加內容，或小心翼翼刮除不要的部分。史達林滿是痘疤的臉孔，也透過這種早期的「筆刷」細心修補。

一九三〇年代，史達林進行「大肅清」剷除異己，修圖技工也沒閒著。一旦獨裁者下令殺害政敵、或把人送到勞改營（gulag）*，這些人的身影就會同時從團體照消失。請看左頁圖。史達林左側原本站著一九二五年四月共產黨黨代表大會的代表團，其中六人後來因自殺、遭槍擊或入獄而身亡，「失去一席之地」。一九三九年時，同一張照片中只剩下史達林和他的三名密友了。

一九九〇年，也就是蘇聯帝國即將瓦解之際，透過商業軟體Photoshop，大眾也開始能編修照片了。這個軟體將史達林政權下的手工修圖技術發揚光大，並且普及

＊譯註：「gulag」是「Glavnoe Upravlenie Lagerei」的縮寫，意指蘇聯的勞改營管理總局，而後引申表示蘇聯的勞役制度，及懲治罪犯和處理政治犯的各種機制。

· **上圖**：一九二五年四月，史達林與蘇聯共產黨第十四屆黨代表大會代表團合照，由左至右分別是米哈伊爾・拉許維奇（Mikhail Lashevich；一九二七年自殺）、米哈伊爾・佛朗茲（Mikhail Frunze；一九二五年死亡）、尼基奇・斯米爾諾夫（Nikitich Smirnov；一九三六年遭槍擊身亡）、阿列克謝・李可夫（Alexei Rykov；一九三八年遭槍擊身亡）、克萊門特・佛羅許洛夫（Kliment Voroshilov；一九六九年死亡）、史達林、尼可萊・史凱普尼克（Nikolai Skyrpnik；一九三三年自殺）、安德烈・布諾夫（Andrei Bubnov；一九四〇年死於勞改營）、賽爾戈・歐茲尼基茲（Sergo Ordzhonikidze；一九三七年自殺）、約瑟夫・溫許希特（Josef Unschlicht；一九三八年遭槍擊身亡），照片由大衛・金（David King）蒐藏（TGA 20172/2/3/2/306）。②

· **下圖**：同一張照片於一九三九年重製編修後，只留下佛朗茲、史達林的密友佛羅許洛夫與歐茲尼基茲。③

化。時至今日，修圖變得更輕鬆了，不再需要購買昂貴的電腦或專業軟體，只要用手機下載操作簡單的免費應用程式就好。我們出於本能地相信，影像和聲音「看／聽起來」是真的。心理學家稱這種現象為「認知流暢性」（processing fluency），與認知偏誤的產生有關，亦即，我們會偏好大腦能迅速處理的資訊。人類處理視覺的速度，比處理文字訊息快得多。研究結果發現，文字只要配上圖片，人們就更容易相信「夏威夷豆和桃子屬於同科植物」。[4]

的確，若我們對於「照片可能被修過」的事實有所警覺，只要多看幾次，就能修正認知偏誤。然而，這對聲音和影像並不管用。我們往往仍會認定聲音和影像為真，不會被竄改。一般而言，我們相信影像和音訊捕捉了人類可見、可聞的訊息，如同我們感官的延伸。這也讓我們更加憂慮，因為人工智慧操控聲音和影像的方法正在進步，這些媒體產物已成為人類溝通最重要的形式——影響的不只是數位世代，而是所有人。在資訊時代，我們不再只是影音媒體的一般消費者，也是創作者。數十億觀眾都在收看或收聽這些媒體內容，同時也使用智慧裝置記錄和分享自己的生活。

二〇二二年時，預計全球百分之八十二的網路流量都會用於直播和下載。到了二〇二三年，使用行動網路的人口也會超過百分之七十。透過自己的行動裝置，全球五・六億人口不再只是線上影音的觀眾，同時也是創作者；不只是收聽或收看，也記錄和分享。

合成媒體也將助長這種生態。很快地，任何人都能使用好萊塢等級的特效。如此驚人的發展，帶來不可測的變數，影響我們對現實的集體認知。藉由操控這些媒體頻道，不肖分子得以用過去難以想像的規模，重新塑造現實的「模樣」。任何人都無法倖免。

## 置身電影世界

有一種狀況下，我們能夠意識到聲音和影像經過編輯，那就是電影。我們知道，電影就是要「逼真」。視覺效果是一種藝術，可追溯至電影的誕生；二〇〇〇年進入數位化時代後，特效（special-effects，簡稱SFX）專家則大多使用電腦成像（computer-generated images，簡稱CGI），追求最佳視覺表現。商用程式和軟體大量問世，影像編輯和特效製作變得更好上手。然而，資源多的一方，例如擁有數百萬美元預算和特效團隊的電影工作室，依然握有最強大的工具。

過去好萊塢賣座大片專用的技術，因人工智慧而進化、也變得更普及。二〇一九年九月發行的電影《愛爾蘭人》（*The Irishman*），改編自幫派職業殺手的真人真事，由馬丁・史柯西斯（Martin Scorsese）執導，勞伯・迪尼洛（Robert De Niro）、艾爾・帕西諾（Al Pacino）以及喬・派西（Joe Pesci）主演。故事橫跨七十年，演員在電影中也會以二十多歲的年輕樣貌登場。該片一億四千萬美元的高額預算，讓史柯西斯能聘請一組特效團隊，使用電腦合成影像替演員進行「減齡」後製。為此，他遭遇了一連串的技術考驗（包括使用三鏡頭攝影機組進行拍攝）；事後他本人表示，這種拍攝手法「簡直太瘋狂了」。[5]即使史柯西斯如此賣力，結果依然不盡理想。「螢幕上，演員的臉看起來始終介於四十到六十歲之間。」有人如此評價這部電影的後製技術：「效果不好，很讓人出戲。」[6]

電影上映三個月後，YouTube出現一段影片，標題為「《愛爾蘭人》的減齡特效：網飛出資百萬美元VS.免費軟體！」[7]網路暱稱為iFake的YouTuber，利用免費人工智慧軟體，破解了困擾史柯西斯的演員減齡問題。七天內，iFake就交出了完美的成果；零預算，且獨立作業。其作品與原版電影的比較影片在YouTube就能看到，成果相當驚人。

無可否認，iFake的挑戰相對簡單；不必從頭開始，而是直接使用史柯西斯費心編輯過的影像。然而，這仍具指標性，展現了合成媒體的威力。史柯西斯從二〇一五年開始製作電影《愛爾蘭人》，擁有百萬美元預算以及最好的特效藝術團隊，卻在二〇一九年十二月被使用免費軟體的YouTuber打敗。人工智慧的發展過程究竟經歷了什麼，而導致這樣的結果？

## 人工智慧革命：深度學習

人工智慧曾經只存在於科幻小說，如今卻成為現實。ＡＩ正無聲無息地改變我們的生活，合成媒體只是其中一種型態。一九五〇年代開始研發後，電腦科學家不斷設法讓電腦獲得與人類相當的智力——也就是人工智慧。到了一九八〇年代，人工智慧研究劃分為兩派：其中一派以規則為基礎來發展人工智慧，讓電腦一次學習一種規則；另一派則假設，發展人工智慧最好的方法，是為電腦建立自學模式，仿效腦神經網路處理資訊的方式進行決策。如此，機器也能像人類一樣，從「經驗」中學習。

進入千禧年後，人類才終於具備足夠的數據和運算能力，根據這套理論進行測試。研究者也發現理論的確可行。模擬人腦，創造類神經網路的雛型後，電腦確實能夠「學習」，對輸入的數據進行運算，自動完成任務和決策。這個過程仰賴類神經網路，被稱為「自動化機器學習」，也成為我們熟知的「深度學習」。過去十年，深度學習快速發展，推動了現實世界ＡＩ的進化，催生數量可觀的應用程式；人臉辨識科技即是一例。機器學習系統使用大量人臉數據集進行訓練，直到能夠自動進行精準辨識。而深度學習也是自動駕駛的基礎——將大量數據集輸入機器學習系統，訓練其偵測路標、交通號誌及行人，並做出反應。

ＡＩ研究具有開源和協作的特性，意味著最先進的研究結果、工具和軟體，通常都會透過網路開放共享。此外，由於ＡＩ的用途廣泛，私人企業也願意對相關研究投資，讓這個領域能夠蓬勃發展；這也導致了深度學習革命。如同許多發展中的科技，

ＡＩ沒有絕對的好壞，一如深度造假的起源：有人發覺可以利用炙手可熱的ＡＩ，製作出一種新型態的合成影像，也就是「換臉」。為此，他們使用一種機器學習系統，也就是所謂的自動編碼器（autoencoder），「教導」電腦如何以他人的外表「取代」或「置換」現有的影像。這一切都要從Reddit說起：這裡正是合成媒體革命的引爆點。

## 守則第三十四條

「ＡＩ色情影片現蹤，我們完了。」

二〇一七年十二月十一日，「主機板」（Motherboard）網站刊載了這樣一篇文章。[8]作者珊曼莎・科爾（Samantha Cole）率先向世界揭發深度造假一事。忠於「網路守則」（Rules of the Internet）所述，色情影片正是深度造假的起源。

「網路規則」是一份協定和公約，由一群自稱「匿名者」（Anonymous）*的網路駭客擬定。現在，「網路守則」已成網路傳說，衍生出眾多不同草案、版本和異議，試圖掌握網路生態的精髓。儘管如此，幾乎每個人都同意「守則第三十四條」：「有網路就有色情影片，沒有例外。」可想而知，人工智慧的產物也少不了它。

二〇一七年十一月二日，一位Reddit匿名使用者，代號為Deepfakes——結合「造假」（fake）和深度學習（deep learning）——建立了子論壇「deepfakes」，用於張貼使用AI技術偽造的好萊塢女星色情片。影片使用開放原始碼製作，只要具備深度學習演算法知識，任何人都能效法。散播名人造假（及外流）色情片堪稱是網路世界最風行的消遣，但AI的產物格外引人注目。正如珊曼莎・科爾日後在TedX Talk演講中所述，這與以往的色情片不同。AI生成的人物「能夠移動、微笑、蹙眉和性交。」[9]

*編按：匿名者是以共同信念組成的網路團體，他們否認自己是一個組織、也不屬於任何企業或政黨，標榜自由、匿名和反對領袖。重要行動包括支持維基解密、反對兒童色情、攻擊伊斯蘭國、抨擊川普、聲援台灣等。

這不僅僅是用Photoshop把安潔莉娜・裘莉（Angelina Jolie）的臉移花接木到A片女演員的裸體那麼簡單。

二〇二〇年初，我致電珊曼莎，和她談談二〇一七年的那篇獨家新聞。她告訴我：「我的工作就是直搗網路的暗處。」《主機板》是Vice Media集團旗下專責報導科學與科技發展的媒體，身為該網站的作家，珊曼莎關注的是網路上最不為人知的角落。反烏托邦的AI應用，例如深度造假、YouTube爭議影片及可疑的網路工具，正是珊曼莎關注的焦點。

她向我描述自己在Reddit網站「閒逛」時，發現deepfakes登上了熱門看板。珊曼莎接著說：「事情就發生在我們眼前。」和我一樣，珊曼莎立刻對這項科技被濫用的可能性感到震驚。「假如連一個Reddit使用者都做得到，又要如何阻止人們做出同樣的事？」她開始思考這個問題，並傳訊息給影片製作者Deepfakes：對方同意在匿名的前提下和珊曼莎談談。Deepfakes表示，他自認不是工程師或專家，只是「對機器學習感興趣的人」。珊曼莎在電話上沉默了一下：「我們仍然不知道他的真實身分，也不知道他從事什麼工作。」Deepfakes描述自己發現了一種「聰明的方法」，利用開源

ＡＩ工具，將名人的臉「置換」到色情片明星的身體上。

一如電影《愛爾蘭人》的例子，直到二〇一六年，這類媒體後製還是屬於特效專家的領域。製作這類影片需要時間、技術和金錢——入行門檻極高。不過，一旦使用TensorFlow、Keras等開源機器學習平台，以上門檻對Deepfakes就不復存在了。TensorFlow由Google大腦專案（Google Brain）開發，Keras則能讓使用者快速測試深度學習的成效。站在ＡＩ研究領域的巨人肩膀上，Deepfakes創造了自己的科學怪物：好萊塢女演員蓋兒·加朵（Gal Gadot）的亂倫色情片。一如珊曼莎當時於文中所述：

> 網路上有蓋兒·加朵與繼兄發生性關係的影片，但影片裡不是蓋兒·加朵本人的身體，也不是她的臉，只是用了演算法「換臉」，讓早已流傳於網路上的亂倫色情片，看起來就像由加朵本人演出。

他是怎麼做到的？透過Google圖片搜尋、圖庫和YouTube，Deepfakes建立了加朵的數據集，以此訓練ＡＩ演算法，讓它學會如何「置換」加朵的臉——以影格（frame）為單位，置入既有的色情片。只要你仔細檢視Deepfakes的作品，不出幾秒就能察覺事有蹊蹺。影片中會出現雜訊，加朵的嘴型有時並未與她說的話同步；口交時，她的頭部附近出現了方格。但如果沒有細看，的確會相信片中女主角是蓋兒．加朵本人。

Deepfakes在Reddit公開分享自己的技術後，立刻有人跟進製作影片。名人界無一倖免。最先成為目標的苦主有兩位：一位是童星出身的知名女演員梅西．威廉斯（Maisie Williams），她以《冰與火之歌：權力遊戲》（*Game of Thrones*）的艾莉亞．史塔克（Arya Stark）一角而聞名；另一位則是《哈利波特》的艾瑪．華森（Emma Watson）。科爾撰文揭露後，這些Reddit用戶的行徑引起了公憤。幾週內，Reddit以「包含未經同意製作的成人影片」為由，關閉了討論板。始作俑者Deepfakes就此消聲匿跡，但他早已公開分享了最主要的「深度造假」程式碼。

熱衷此道者掌握了他開發的「換臉」技術。網路上很快開始流傳新的工具和免費軟體，協助他人製作自己的深度造假影片。其中最知名的是軟體平台「深度換臉實驗DeepFaceLab和Face Swap。兩個平台都由匿名工程師經營，目的是提供免費資源，讓任何人都能獨立製作合成媒體。使用者雖然需要具備一定程度的技術知識，但憑藉耐心和技巧，成品的水準也相當可期。上述平台讓多位YouTuber聲名大噪，例如iFake、

Ctrl Shift Face以及Shamook。為了製造笑料，他們使用免費軟體置換好萊塢大片中的演員。舉例來說，Ctrl Shift Face以席維斯・史特龍（Sylvester Stallone）的臉取代電影《小鬼當家》（*Home Alone*）的麥考利・克金（Macaulay Culkin），再將片名改為《史特龍當家》（*Home Stallone*）。[10]這些影片非常有趣，YouTube瀏覽次數更是突破百萬。

另外，網路上也能找到許多好萊塢巨星尼可拉斯・凱吉的片段，這些是屬於早期的深度造假影片。由於凱吉偶有過於誇張的演技，讓他成為網路迷因（meme）的主角，甚至帶起一股風潮——「把尼可拉斯・凱吉的臉放進所有電影」。名為DerpFakes的YouTuber推出了「尼可拉斯・凱吉終極合輯」（Nic Cage Mega Mix），無論《真善美》（*The Sound of Music*）或《鬥陣俱樂部》（*Fight Club*），都能看到凱吉的換臉片段。[11]早期的深度造假影片並無惡意，往往充滿趣味，但這類影片只占了少數。時至今日，換臉技術廣泛用於製造色情片，而且是在影片當事人毫不知情的情況下。

## 迎合（男性）最狂野的幻想

深度造假色情片在Reddit現蹤後，已發展成獨立的生態系統。與DeepTrace公司談過之後，我對此有了更深入的了解。DeepTrace總部設於荷蘭阿姆斯特丹，二〇一八年創立，致力於研究深度造假持續進化的可能與威脅；這間私人公司專門保護組織和個人免於受到AI合成媒體傷害，也是這個產業的先驅，一舉一動都受到業界關注。

二〇一九下半年，DeepTrace公司發表了一份報告，公開深度造假的現況。調查結果發現，深度造假影片的數量快速增加，部分原因是「相關工具和服務持續商品化，降低非專業人士製作深度造假影片的門檻。」[12]據統計，至二〇一九年九月為止，網路上已有將近一萬五千部深度造假影片。

DeepTrace公司創辦人喬奇歐・派翠尼（Giorgio Patrini）採訪時向我證實，深度造假影片（色情片及其他類型）的數量在二〇二〇年後仍會大幅成長；但截至目前為止，造假影片幾乎都屬於同一種類型。DeepTrace發現，深度造假影片中高達九成六都是色情片，當事人卻對此一無所知。這意味著這類影片有著極大的市場。第一個深度造假色情片網站於二〇一八年二月註冊。現在，全球前四大深度造假色情片網站的瀏覽次數已超過一億三千四百萬次。我曾看過其中一個網站——在Google上很容易就能找到——該網站自稱是「最佳深度造假色情片源」。只要按幾個鍵，就能觀看所有影片，而且完全免費。該網站首頁的歡迎訊息如下：

> 色情片任君挑選。性虐支配、戀物癖、戀足癖……肛交、口交、拳交……青少年色情影片，你想得到的，這裡都看得到！想像一下——以上色情片都使用換臉技術，將明星的臉置入影片，看起來就像她或他正在性交！[13]

網站接著吹噓深度造假色情影片的逼真程度，因為影片能夠「細膩捕捉明星臉部的情緒和表情」。透過「艾瑪．華森替粉絲口交、史嘉蕾．喬韓森（Scarlett Ingrid Johansson）肛交A片，或是梅西．威廉斯第一次在鏡頭前做愛的造假影片」，任何妄想都能得到滿足。深度造假科技甚至能滿足最狂野、「過去無法實現的幻想」——也就是觀眾對窺視公眾人物的「渴望」，例如「伊凡卡．川普（Ivanka Trump）或蜜雪兒．

歐巴馬（Michelle Obama）在鏡頭前玩性虐（BDSM），比爾・柯林頓（Bill Clinton）則在一旁觀賞。」

深度造假色情片無疑也是一種性別化現象（gendered phenomenon）。每次造訪新的深度造假色情網站，我都會瀏覽上頭不下數百部影片，卻從來沒見過任何一位男性名人——沒有布萊德・彼特（Brad Pitt）、喬治・克隆尼（George Clooney），也看不到強尼・戴普（Johnny Depp）。我詢問珊曼莎・科爾在調查取材期間，是否看過任何以男性為對象的深度造假色情片，她直率地回答：「這並不常見，答案是沒有。」但在同樣的網站上，以女性名人為對象的深度造假色情片卻動輒數百部——這數字毫不誇張。不論金髮、棕髮或紅髮，來自世界各國、各族群，你想得到的女性公眾人物應有盡有。影片數量之多，網站甚至能再分類為「肛交」、「3P」、「自慰」等。這些色情影片都是偽造的，當事人毫不知情，網站也毫不避諱這些影片的來歷；許多影片甚至還標明了創作者。

正如最初的蓋兒・加朵假A片，許多深度造假色情網站的影片依然看得出破綻，但技術已愈臻成熟。無論如何，影片的品質並非重點。所有未經當事人同意製作的色情片，無論是否使用深度造假技術、擬真程度是好是壞，對受害者而言，都是駭人聽聞、難堪且踐踏尊嚴的行為。我們不知道受害者該如何保護自己，即使是擁有資源的富人亦是如此，例如好萊塢片酬最高的女星史嘉蕾・喬韓森。在二〇一八年的一次採訪中，喬韓森告訴《華盛頓郵報》（*Washington Post*），她和自己的團隊沒有任何實質對策，畢竟從網路上移除這類影片是不可能的。「很遺憾，這種情況我經歷了太多次，」她說：「關於肖像權，每個國家都有自己的法律規範。即使能在美國境內採取法律行動，關閉侵權的網站，同樣的法規卻可能不適用於德國。」喬韓森相當沮喪，認為那是「徒勞無功的行為」，也提出警告：她認為很快人人都會成為目標，因為網路「是一個巨大的黑暗蟲洞，終將吞噬自己。」⑭

## 「生成對抗網路」教父

喬韓森的警告很有先見之明——至今，我們的所見所聞只是冰山一角。合成媒體革命才剛起步，其製造方法正急速進化。最早的深度造假——也就是換臉，是以一種被稱為「自動編碼器」（autoencoders）的深度學習系統為基礎。然而，在製造合成媒體的領域，有一種用途更廣的深度學習系統正在嶄露頭角。幕後推手正是這一位——美國研究科學家伊恩．古德法洛（Ian J. Goodfellow），以及他在二〇一四年發明的「GAN」深度學習系統。

如果你要求語音助理Siri給你電腦天才的照片，可能會看到古德法洛——戴眼鏡、蓄山羊鬍，深棕色亂髮蓋住了額頭。古德法洛說起話來輕聲細語，外表完全符合一般人對「AI天才」的想像。二〇一四年的某個晚上，古德法洛和朋友在加拿大蒙特婁相當知名的餐酒館「三個釀酒師」（*Les Trois Brasseurs*）喝啤酒；當時，古德法洛正在當地攻讀機器學習的博士學位。他們討論起自己正在進行的深度學習專案，分享彼此使用AI生成逼真人臉時遇到的困難。深度學習技術的早期發展，讓機器擅於將數據分類（人臉辨識技術就是一例），卻仍然不擅長生成人臉。

古德法洛幾乎沒動啤酒，只是默默聽著，卻突然靈光一現。他想，如果讓兩個深度學習系統互相競爭會怎麼樣？其中一個深度學習系統會嘗試生成新訊息，而另一個系統則會設法偵測訊息。兩個系統對抗的過程中，為了打敗偵測系統，生成系統會學得更快——兩方將持續反覆對抗，直到生成系統擊敗偵測系統。本質上，古德法洛是將運動選手常用的「對抗訓練」（adversarial training）概念用於深度學習，測試是否可行。朋友笑他異想天開，但古德法洛當晚一回到家就立刻著手編寫程式，將兩個深度學習網路系統置於對抗環境，目標是生成人臉。隨著生成系統嘗試打敗偵測系統，系統也愈來愈擅長生成人臉；古德法洛發覺自己竟然找到了破口。短短幾小時內，他所建置的系統——第一代「生成對抗網路」（generative adversarial network，簡稱GAN）*——已能生成比過去任何人工智慧系統更逼真的人臉。

請翻回本章第一頁再看一次那張合成人臉照片。左側像素較低的黑白照片就是古德法洛在二〇一四年當晚所生成的。從他創造了生成對抗網路的那一晚開始，生成品質就急速提升。右側的照片僅過了四年，為二〇一八年使用生成對抗網路的成果。兩相比較，讀者應該就能理解，合成媒體背後的人工智慧發展有多快。拜生成對抗網路

* 譯註：古德法洛也因為這項發明而被尊稱為「The Ganfather」，字面上的意義是「生成對抗網路之父」，與名作《教父》（*The Godfather*）雙關。

所賜，AI已能仿造逼真的合成圖片，仿造聲音和影像也只是遲早的事。理論上，只要進行和GAN相同的反覆對抗訓練，所有由AI生成的媒體最終都會臻於完美。如果你想試試人工智慧無中生有的能耐，請上www.thispersondoesnotexist.com（網站名稱意為「這個人其實不存在」）。這個網站根據的正是古德法洛的研究，用GAN來生成人臉。每次重新整理網頁，都會出現一個全新的AI假人。你一定會無比驚訝，即使是像皺紋、毛孔、雀斑這樣微小的細節，都如此逼真，卻沒有一個是真人！

## 不斷擴張發展的科技力量

生成對抗網路雖然是目前成效最好的合成媒體製造途徑，未來，研究者也可能發展出更好的方式。製造合成媒體儼然成為熱門研究領域，驚人的發展速度仍看不出任何減緩的跡象；背後的動力除了採用開放原始碼，也包括私人企業的巨額投資。考慮到合成媒體應用於現實世界所能帶來的前景和利潤，在相關技術趨於完美之前，發展合成媒體生成科技的動機仍很強烈。

舉例來說，請想像一下合成媒體對電影產業的助益。只要讓人工智慧熟悉歷史人物的照片，要讓逝去的人物「復活」就變得更加簡單。這項技術也能應用於文化及藝術領域。美國佛羅里達州的薩爾瓦多・達利博物館（Salvador Dali Museum）就使用ＡＩ技術，讓這位超現實主義藝術家在合成媒體裝置復活，並命名為「達利再現」（*Dali Lives*）；此裝置生成達利的影像，讓他「招待」博物館的訪客。有機會的話，讀者應該看看這段影像。以這種方式和藝術家的ＡＩ分身互動，是非常有趣迷人的體驗。[15]合成媒體也將改變遊戲產業——足球遊戲「ＦＩＦＡ」的視覺效果極為真實，讓人幾乎以為螢幕上的運動員就是本尊。此外，流行產業也開始使用ＡＩ合成媒體模特兒。二〇一九年八月，德國柏林的時尚電子商務公司Zalando就使用ＧＡＮ生成圖像，創造出不同穿搭和姿勢的ＡＩ模特兒。[16]

二〇二〇年四月，廣告界出現了第一支合成媒體廣告，用來宣傳ＥＳＰＮ和網飛（Netflix）共同製作的紀錄片《最後之舞》（*The Last Dance*）。此片分成十集播映，記錄了麥可・喬登（Michael Jordan）和芝加哥公牛隊在一九九〇年代的輝煌連勝。廣告以「世界體育中心」（SportsCenter）的節目資料畫面開場，播報員肯尼・梅恩（Kenny

Mayne）正在播報公牛隊於一九九八年獲得了第六次NBA總冠軍。突然間，梅恩開始脫稿演出。「這是ESPN拍攝紀錄片的好題材，」他說：「他們會把紀錄片取個類似『最後之舞』的名字，拍個十集，在二〇二〇年上映，然後引爆熱潮。各位現在還無法想像。」此時影片背景打上了州立農業保險公司（State Farm）的商標，梅恩補充：「這段影片也會出現在州立農業保險公司的廣告，為這部紀錄片做宣傳。」[17]這是廣告史上的傑作，觀眾立刻愛上了背後的巧思。《紐約時報》也專文探討，標題是〈ESPN的一則廣告預示了深度造假在廣告業的前景〉（*An ESPN Commercial Hints at Advertising's Deepfake Future*）。[18]

為了更深入了解，我採訪了Synthesia公司的創辦人兼執行長維克托・瑞普貝利（Victor Riparbelli）。新創公司Synthesia的總部位於倫敦，專門製作商用合成媒體。據維克托所述，影片是迄今最好的資訊傳遞媒介，而合成媒體就像「一窺人類未來如何產製內容」。在Synthesia，維克托和公司團隊已經開始替客戶製作合成媒體。據他表示，客戶多是《財星》（*Fortune*）雜誌評比的世界前五百大企業。維克托解釋，他們仰賴人工智慧生成的影片進行企業溝通，因為企業能藉此獲得更多彈性；舉例而言，透過ＡＩ科技，Synthesia公司能夠一次製作多種語言的影片。隨著科技進步，維克托對我說這種做法將更普及。他相信只要三到五年，合成媒體影片的比例可能高達百分之九十。「這可是天大的好事。」維克托接著說。目前，高品質的影片「僅限於有高額預算，或在好萊塢有人脈的人」才能製作。假如連YouTuber都能利用合成媒體做出高品質的影片，「創意就能勝出。」

我採訪的其他數據科學家則認為，大約五到七年後，ＡＩ就能完美生成各種型態的合成媒體，以作商用——這裡指的是極致的完美，足以達到業界嚴格的要求。即使預測的時間不盡相同，但重點是隨著科技進步，合成媒體絕對會用於深度造假。對此，維克托表示贊同：「新科技一問世，就會遭到濫用。」

當影片逐漸成為人類溝通最重要的媒介，毫無疑問的，深度造假也會成為武器，跨出電影領域，讓影像編輯技術走入真實世界。ＡＩ生成的合成媒體有三項重要的特徵：第一、品質。人工智慧創造的影音效果，即將超越過去任何電腦特效公司的作品。第二、普及。隨著科技進步、應用程式和電腦軟體容易取得，愈來愈多人得以使用相關技術。第三、成本。由於科技進步，製作合成媒體的成本愈來愈低廉，甚至不必花錢。上述發展已經蔚為趨勢。

當影音內容仍有很高的可信度、甚至愈來愈重要，在加速腐化的資訊環境中濫用人工智慧就會造成嚴重的後果。儘管深度造假並未直接啟動資訊末日，仍是一種最新浮現的威脅，而且會不斷升級，影響範圍擴及社會各個層級——地緣政治更是首當其衝。

# 2

## 俄羅斯：
## 資訊戰大師

DEEP
FAKES

俄羅斯總統普丁是現實生活中的００７電影大反派。他每一個鏡頭都是為了展現男子氣概，卻也因此顯得太過刻意。看看這位俄羅斯總統的照片，他有時不用馬鞍、裸著上身騎馬；有時穿著價值一萬美元的服裝在健身房重訓，或親吻自己釣起的七十公斤大魚。說不定，在他密謀統治全世界的時候，還不忘摸著一隻白貓呢。就憑普丁如此惡名昭彰，網路迷因的名人堂當然少不了他。然而在資訊末日下，當這些哏圖和俄羅斯的形象畫上等號，可能會讓我們低估這個國家真正的威脅程度。

普丁是頭號危險人物。在他過去十年的統治下，俄羅斯逐漸享有驚人的地緣政治影響力，有部分原因就是利用資訊末日的混亂，肆意攻擊美國和其他西方國家。在資訊生態環境被資訊末日籠罩之前，俄羅斯早就是資訊戰大師了。從冷戰時期到二〇二〇年，俄羅斯曾三度對美國發起不實資訊攻擊；希望透過我對這幾波攻擊的研究，能讓讀者清楚一個事實：在資訊末日下，來自俄羅斯的攻擊變得更具危險性。俄羅斯甚至成為仿效的對象——想靠資訊末日牟利的其他流氓國家或極權政體，也會將莫斯科當局奉為靈感來源。

## 冷戰起源

一九八四年，由前蘇聯情報機構——國家安全委員會（KGB）叛逃的高階人員尤里・貝茲梅諾夫（Yuri Bezmenov），在電視訪問中描述了蘇聯如何散播不實資訊。貝茲梅諾夫表示，相較於傳統的「間諜活動」，作為蘇聯的軍事情報機構，KGB幾乎只有一項任務，也就是將不實資訊當成打「心理戰」的武器，藉此分散西方敵人的注意力，並分化他們。

> 這是個緩慢的過程，我們稱為「顛覆意識型態」或「積極措施」（中略）其實就是改變所有美國人對現實的認知，讓他們即使有充分的資訊，仍然無法得出合理的結論，來捍衛自己、家人、社群或國家。①

貝茲梅諾夫的說法也成了預言——此刻看來更是貼切。在我們進入正題——探討資訊末日下俄羅斯所進行的不實資訊攻擊之前，先來看一個蘇聯時代的例子，也就是所謂的「感染行動」（Operation Infektion）。

## 感染行動

一九八三年七月，一篇文章以〈愛滋病疑入侵印度：美軍實驗導致的神祕疾病〉為題，刊登於新德里小報《愛國者報》（*The Patriot*）。該文投下了震撼彈，指控致命的愛滋病毒是美國軍方發明的生化武器，意圖殺死黑人和同性戀者。文章引述一封「美國權威科學家及人類學者」的匿名信，以佐證文中爆炸性的說法。美國馬里蘭州的德特里克堡基地（Fort Detrick）則被指控為事件的核心。一九四〇年代，德特里克堡曾是美國國防部極機密的生化武器研究中心，在二戰期間負責研發一型炭疽病毒彈；如果二戰未於一九四五年結束，就會有數百枚病毒炸彈進入製程。德特里克堡未實行的另一項機密計畫，則意圖駕駛飛機飛過敵軍領空並釋出帶原的蚊子，藉此傳播黃熱病。該實驗室一個月就能製造五十萬隻帶有病毒的蚊子——並計畫將產量提高至一百三十萬。有了以上背景，人造愛滋病毒的指控似乎不是空穴來風。

實際上，自從尼克森總統在一九六〇年代宣布放棄使用生物武器後，美國的生物戰計畫就開始逐步刪減。到了一九七〇年代，德特里克堡的任務內容已徹底限縮，專注於對抗生物武器攻擊、而非生產。《愛國者報》的報導與事實相反，宣稱美國政府科學家在非洲和拉丁美洲執行機密任務，尋找感染力極強的病原體，最終在德特里克堡基地製造出愛滋病毒。「生物戰」正是蘇聯在冷戰期間一再用來攻擊美國的說詞（請讀者記下這點，第六章探討武漢肺炎時還會提到）。

現在，讓我們回到一九八三年。蘇聯在其出資的印度報紙上埋下了不實資訊的種子。這件事發生在現代資訊生態系統誕生前，因此，這個瞞天大謊必須費一番工夫才能傳開。蘇聯政府花了六年時間，但他們的目標是讓全世界都相信這個謠言。

他們也如願以償。

《愛國者報》的文章刊登於一九八三年，主張美國國防部製造愛滋病毒作為生物武器。頭幾年，這種說法沒引起太多關注，但蘇聯政府持續控訴美國無視國際法，執意進行攻擊性的生誤戰計畫。一九八五年，莫斯科電台（Radio Russia）在某集廣播節目中宣稱，美國中央情報局（ＣＩＡ）在古巴散播登革熱病毒，幫助南非政府發展生物武器來對付該國的黑人人口。同年，對愛滋病的指控突然又出現在蘇聯極具影響力的《文學週報》（*Literaturnaya Gazeta*）。記者瓦倫丁・薩佩瓦羅夫（Valentin Zapevalov）以頭條報導〈西方世界陷入恐慌，愛滋病醜聞背後隱藏了真相？〉，再度挑起愛滋病陰謀論，並引述「具有公信力」的印度報紙《愛國者報》，刻意避談當年的報導正是由蘇聯政府一手策畫。

隔年，一篇「科學」報告出現了，標題為〈愛滋病：本質和起源〉；作者雅各・席格（Jacob Segel）教授認同愛滋病毒是人造的說法。進一步查證後，原來席格博士是東德一位退休的七十六歲生物物理學家。文章的共同作者為席格的妻子莉莉・席格（Lilli Segal）博士，她是流行病學家，和丈夫一樣來自東德，並已退休。

隨著愛滋病在全球擴散，蘇聯立刻趁勢追擊。一九八六年間，蘇聯媒體不斷刊載類似的文章，一再指控美國國防部實驗室製造愛滋病毒。他們大量引用席格的報告作為科學證據，卻謊稱席格是法國學者（而非東德）。這些報導透過蘇聯國家通訊機構——俄通社—塔斯社（TASS）和俄羅斯新聞社（RIA Novosti）向外擴散，而這兩個機構在全球擁有超過一百個據點。蘇聯使出收買、拐騙等手段，想盡辦法讓第三世界國家報社刊登相關文章。

到了一九八六年，此故事終於開始瘋傳，各地開始有紙媒關切這個消息，並未懷疑其真偽。其中也包括西方國家，例如英國八卦小報《星期日快報》（*Sunday Express*）就以頭版報導，並附上了雅各．席格的採訪內容。由於和《泰晤士報》及《星期日電訊報》（*The Sunday Telegraph*）的報導內容相左，席格的主張在英國很快就被否定了。然而，蘇聯的行動仍非常成功。一九八〇年代尾聲，超過八十國的主流報紙刊載了這個故事；亞洲和非洲地區的報導熱度特別高，顯見謠言在這兩個地區發揮了卓越的效果。美國在世界上的形象已然受損。

感染行動尤為卑劣的原因，在於它攻擊美國的手段，也會導致美國社會分裂。藉由攻擊美國的非裔社群，蘇聯企圖利用種族對立及美國黑人，手法相當殘酷。以當時的時空背景，非裔美國人的確會輕易相信政府想謀殺他們。美國政府曾對非裔美國人進行了惡名昭彰的塔斯基吉（Tuskegee）實驗。該實驗始於一九三二年，當時還沒有任何有效治療梅毒的方法，研究團隊於是招募了六百位非裔美國男性，承諾提供免費醫療。受試者被告知自己由於「髒血」（bad blood）必須接受監控，任何健康問題一律都以這種說法帶過。實際上，研究團隊監控的是梅毒的整個感染過程。受試者中有四百位梅毒病患，卻無人得知自己患病。一九四七年，盤尼西林成為治療梅毒的有效藥物時，他們仍被蒙在鼓裡。其中，有些受試者將梅毒傳染給伴侶，以致生出有缺陷的孩子，卻依然一無所知。更有人因此失明、陷入瘋狂，甚至身亡，但始終不知道真相。

感染行動過了十年才產生全球效應，其遺毒卻繼續製造更大的傷害。時至今日，非裔美國人社群仍有極高比例相信感染行動散播的謠言，這也導致愛滋病防治工作推行困難。一項關於非裔美國人的調查指出，百分之四十八的非裔美國人相信ＡＩＤＳ是人造病毒，百分之二十七則相信愛滋病毒來自政府實驗室。[2]正如尤里・貝茲梅諾夫在一九八四年所說，感染行動改變了美國人「對現實的認知」，讓他們「雖然有充分的資訊」，依然無法「得出合理的結論，來捍衛自己、家人、社群或國家。」

感染行動的遺毒甚至直接影響了巴拉克・歐巴馬。歐巴馬過去的牧師傑瑞米亞・萊特（Jeremiah Wright）曾表示，愛滋病毒是美國政府製造出來屠殺黑人的工具，歐巴馬因此被迫公開撇清與萊特的關係。蘇聯在一九八三年播下的種子，竟在二十五年後破土而出，讓當時即將成為美國首位非裔總統的歐巴馬不堪其擾。如果感染行動的核心、也就是這個謠言，能夠流傳四十年之久，請想像一下，在資訊末日下，不實資訊會釀成多大的災難？抑或，不實資訊在深度造假技術推波助瀾之下，會演變成何種局面？

## 拉赫塔計畫

在資訊末日下，俄羅斯過去冷戰時使用的伎倆變得更容易執行。過去十年來，我見證了事態逐步發展，包括入侵烏克蘭、擊落馬航ＭＨ－１７班機，以及歐洲移民危機。即使如此，二〇一六年的規模仍讓我措手不及——那是迄今為止最無恥的一次，在本就充滿爭議的美國總統大選中，俄羅斯對美國的民主進行一輪猛攻。這遠遠不只是散播一個傷害美國形象的謠言而已；但正如我在歐洲的觀察，俄羅斯撇得一乾二淨。美國境內掀起黨派之爭，一方緊咬俄羅斯不放，另一方則否認俄羅斯構成威脅；這證明了克里姆林宮的策略奏效。依我所見，即使俄羅斯野心勃勃，也料不到這次攻擊會如此成功。資訊末日讓一切變得更輕而易舉。

攻擊來自克里姆林宮是毋庸置疑的事實，而不是一種觀點。美國所有情報機構都證實了這一點。二〇一七年，美國中央情報局（CIA）、聯邦調查局（FBI）、國家安全局（National Security Agency）和國家情報總監辦公室（the Office of the Director of National Intelligence）發表了聯合聲明：

> 莫斯科當局長期企圖顛覆以美國為首的自由民主秩序。影響二〇一六年總統大選的俄羅斯勢力，就是最新一波行動。然而，相較於過去，這次行動的針對性、層級以及影響規模都有顯著增長。[3]

報告內容也指出，這次攻擊由普丁個人授權。他希望唐納・川普當選，而非希拉蕊・柯林頓。「我們認為這個結論有憑有據。」[4]

少了定義現代資訊生態系統的科技，這類型的攻擊就無法實現。已知的攻擊透過三種管道進行：

一、駭入投票系統。

二、駭入民主黨全國代表大會（Democratic National Convention，簡稱DNC）與希拉

蕊・柯林頓陣營。

三、利用網路研究局（ＩＲＡ）在社群媒體散播不實資訊，轉移焦點並分化美國公民。

為了說明俄羅斯的不實資訊戰如何在資訊末日下帶來更大的影響，我將著重第三種管道：俄羅斯網路研究局的行動。正如本書導論所述，網路研究局於二〇一三年成立，二〇一四年以入侵烏克蘭的計畫初試身手。在美國，ＩＲＡ的攻擊行動則被稱為「拉赫塔計畫」（Project Lakhta）。

一如感染行動，拉赫塔計畫的目標就是藉由操縱資訊來打擊美國。一九八三年的感染行動以一個謠言為核心，而拉赫塔計畫的規模則更具野心。ＩＲＡ負責在社群媒體上假扮成美國人，藉此滲透美國輿論，盡可能散播各種引戰、極端或分裂的言論及不實資訊，讓社群淪為戰場；目標鎖定各大社群媒體平台，例如臉書（Facebook）、推特（Twitter）和Instagram。他們擬定了長期計畫。如同特別檢察官羅伯・穆勒（Robert Mueller）隨後透過調查發現，ＩＲＡ在二〇一三年就開始行動——也就是美國總統大選的三年前。[5]二〇一四年中，網路研究局的情報人員甚至親自前往美國執行任務，

「蒐集情資（中略）取得社群媒體貼文所需的資訊和照片。」[6]

以聖彼得堡為據點，網路研究局的情報人員隨後建立偽造的頁面、社群和身分，看起來就像真正的美國人。這個間諜小組啟動了長期計畫，有系統地滲透美國民間輿論。和感染行動不同，他們不只利用既有的分歧，也積極引起新的爭端；而ＩＲＡ的做法就是操弄身分政治。這是一種兩面手法。首先，ＩＲＡ為設定好的身分建立所屬網路社群，以增加真實性。接著，網路研究局在這些社群發表正面內容，使社群成員對自己的特質感到自豪；此舉能增強歸屬感和團體認同。一旦這種身分認同發展成為「族群」，他們就會在同一個社群，用批評不同族群的言論洗版，讓成員和外界更加疏離。

網路研究局介入各種面向的政治對立。在左翼光譜上，他們操弄ＬＧＢＴＱ*及（再度瞄準）非裔美國人社群；在右翼光譜上，則利用了德州獨立運動支持者與槍枝

* 譯註：女同性戀（lesbian）、男同性戀（gay）、雙性戀（bisexual）、跨性別者（transgender），以及酷兒（Queer）或對性別認同感到疑惑的人（Question）的英文首字母縮寫。

持有者。一般雖然認為，只有「愚蠢的川普支持者」被騙得團團轉，事實上所有人都受到了影響。對於俄羅斯的策略，〈穆勒報告〉有更進一步的描述：

> 由網路研究局建立的臉書社團，在二〇一六年總統大選期間相當活躍。涵蓋的政治議題範圍很廣，包括相對保守的社團（例如名為「我愛我國」、「阻止移民」、「保護國境」、「茶黨新聞」的團體）、主張黑人社會正義的社團（「黑人很重要」、「黑人主義者」，以及「別對我們開槍」）、LGBTQ社團（「LGBT聯盟」），以及宗教社團（「美國穆斯林團結聯盟」）。[7]

藉由扶植族群認同，網路研究局直搗美國的弱點——利用自由開放的民主體制激化社會對立。正如國防部的報告所述，俄羅斯的策略「在目標國家極度分裂的情況下，或面對俄羅斯的攻擊而無力抵抗、反應時，最為有效。」俄羅斯企圖從內部分裂並摧毀美國，讓美國動彈不得，無暇追查攻擊的幕後主使。

對網路研究局而言，要讓美國公民掉入他們在社群媒體網站設下的陷阱，並不困難。只要付費刊登社群媒體廣告，就能使用大型社群媒體平台從使用者身上蒐集而來的數據點（包括人口統計及政治偏好），瞄準受眾。他們能精準地將廣告內容投放給自己鎖定的目標。同時，ＩＲＡ也嘗試製造各種能自然觸及*受眾的內容。

民主黨議員占多數的美國眾議院情報委員會（House Intelligence Committee），也公開了ＩＲＡ於二〇一五至二〇一七年間在臉書刊登的付費廣告紀錄，數字相當驚人。光是在臉書，ＩＲＡ付費刊登了三千三百九十三則廣告，觸及超過一千一百四十萬名美國人民；ＩＲＡ一共建立了四百七十個臉書專頁，發出八萬篇自然觸及貼文，觸及超過一億兩千六百萬名美國民眾。

以ＩＲＡ建立的臉書社團「黑人很重要」（Black Matters）為例。顧名思義，此社團瞄準的受眾是非裔美國人，讓人誤以為他們與抗議行動「黑人的生命很重要」（Black Lives Matter，簡稱ＢＬＭ）有關。「黑人的生命很重要」為美國社會運動團體，於二〇一三年成立，旨在抗議美國黑人遭受暴力和種族歧視，特別是警察濫殺非裔人士的情形。ＩＲＡ的「黑人很重要」社團有一則付費廣告，抓住了這個族群的弱點（見左頁

＊編按：貼文在未付費購買廣告的情況下，仍被社群媒體使用者看見。

·「永不遺忘」——「黑人很重要」臉書社團的付費廣告（由IRA出資）

圖）。廣告內容要求使用者對專頁「按讚」，以行動「加入我們，因為我們在乎。黑人很重要！」並附上三位非裔美國年輕人的照片——他們分別是麥可．布朗（Michael Brown）、塔米爾．萊斯（Tamir Rice），以及佛萊迪．格雷（Freddie Gray）——一旁的標語以英文大寫字母寫著：「永不遺忘」（NEVER FORGET）。布朗、萊斯和格雷都遭到警方槍殺或拘捕。萊斯年僅十二歲，他的「罪行」是使用玩具槍，當場遭警方擊斃。藉由操弄如此強大的族群情感，IRA得以逐步實行攻擊計畫。一如感染行動，IRA

只把目標放在黑人社群，因為種族在美國是極度政治化而敏感的議題。除此之外，ＩＲＡ也企圖分化民主黨的非裔支持者、減少希拉蕊・柯林頓的票數。隨著大選將近，ＩＲＡ用大量偏頗的報導轟炸目標社群，例如指控希拉蕊不在乎黑人，黑人也不該捲入川普和希拉蕊的競爭。事實上，拉赫塔計畫產出的內容並非全都偏向川普。在左翼的同溫層，也有支持伯尼・桑德斯（Bernie Sanders）的言論。但整體看來，ＩＲＡ的目標仍是希拉蕊・柯林頓。

保守派選民也是網路研究局的目標。雖然「黑人的生命很重要」在美國的能見度很高，但同樣引發爭議。這個社運團體激發了對立的行動，例如聲援警方的「警察的生命很重要」（Blue Lives Matter）。ＩＲＡ的另一個臉書專頁「我愛我國」；則瞄準保守派的白人選民，在一則付費廣告中，ＩＲＡ推送「警察的生命很重要」的相關內容，吸引民眾對專頁「按讚」。廣告內容是一張警察葬禮圖片，並配上文字，指責ＢＬＭ運動人士「再次對警察發動可怕的攻擊」。廣告也抨擊了希拉蕊，警告民眾，她就是「反對警察的強硬派首腦」，而川普則是「唯一能從恐怖分子手中保護警察的人」。[10]

網路研究局發現，即使遠在俄羅斯聖彼得堡，依然可以透過社群媒體，讓美國人實際參與他們發起的政治示威活動。〈穆勒報告〉描述了他們的手法：

（IRA的情報人員）向其社群媒體帳號的追蹤者大量發送個人訊息，邀請他們參加活動，並從回覆有意願參加的美國人之中，挑選一位擔任活動聯絡人。多數情況下，IRA帳號的管理者會告訴負責活動聯絡的美國人，自己因為個人原因無法到場——例如與事先安排的行程衝突，或是人不在當地。IRA隨後會進一步宣傳政治活動，聯絡美國媒體提供活動訊息，並把聯絡窗口轉移給當地的聯絡人。活動結束後，IRA會用社群媒體帳號發布活動影片和照片。[11]

隨著大選將近，網路研究局也更努力動員真正的美國人參加這類政治活動。連川普陣營都上了當，在川普的臉書專頁宣傳IRA發起的假活動。[12]甚至在選舉結束後，IRA仍繼續發起反對川普的集會！IRA的「黑人很重要」專頁在某次活動中，成功在曼哈頓的聯合廣場召集了約五千至一萬名抗議群眾。二〇一六年，川普當

Army of Jesus
Sponsored
Like Page
Today Americans are able to elect a president with godly moral principles. Hillary is a Satan, and her crimes and lies had proved just how evil she is. And even though Donald Trump isn't a saint by any means, he's at least an honest man and he cares deeply for this country. My vote goes for him!
SATAN: IF I WIN CLINTON WINS!
JESUS: NOT IF I CAN HELP IT!
PRESS 'LIKE' TO HELP JESUS WIN!

· IRA「耶穌的軍團」臉書社團刊登的廣告

選四天後，這些憤怒的示威者遊行至川普大樓前抗議選舉結果。[13]臉書活動頁寫著：「和我們一起走上街頭！阻止川普和他自以為是的政策！」「對立是我們這次落敗的原因。我們必須克服彼此的歧見，團結一致，才能阻止仇恨統治這塊土地！」[14]而最諷刺的莫過於此，「對立」正是俄羅斯人所期望的結果。

長年以來，網路研究局的情報人員實驗各種能造成瘋傳的網路內容，拉赫塔計畫也隨之進化。美國史丹佛大學網路觀測計畫（Stanford Internet Observatory，簡稱SIO）的不實資訊傳播專家芮妮・迪瑞斯塔（Renée DiResta）描述了其中一例。據她所說，ＩＲＡ建立的臉書專頁「耶穌的軍隊」（Army of Jesus），原本是作為兒童節目《芝麻街》（*Sesame Street*）的角色──科米蛙（Kermit the Frog）的粉絲頁，後來又改發《辛普森家庭》（*The Simpsons*）的迷因圖。ＩＲＡ在臉書測試何種內容能產生有效互動，最後決定以耶穌為主角；他們發現，投放廣告邀請民眾「為耶穌按讚」或「為耶穌轉貼」時，專頁貼出的內容就會產生自然觸及。芮妮表示，「耶穌的軍隊」臉書專頁也在選戰期間成為「反希拉蕊的迷因大本營」。投票當天，該臉書社團推送了一則廣告，內容是耶穌與撒旦在比腕力，圍繞著圖片的文字寫著（見右頁圖）：[16]

撒旦：如果我贏了，希拉蕊就贏了。

耶穌：有我在就別想！

點讚助耶穌一臂之力！

而這張迷因圖還附上如下說明：

現在，美國人有機會選出一位具有神聖道德原則的總統。希拉蕊是撒旦，她的罪行和謊言正名*她本性邪惡。雖然唐納．川普絕非聖人，但他至少是一個誠實的人，他非常在乎這個國家。我的一票支持川普！⑰

網路研究局發現迷因容易瘋傳，效果很好。我們往往只把現在流行的迷因當成網路上的有趣圖片，但這個詞彙其實來自理察．道金斯（Richard Dawkins）在一九七三年出版的《自私的基因》（*The Selfish Gene*）；書中描述文化如何在不同世代間傳承。根據道金斯的定義，迷因是一種「文化單位」，人的想法也會繁殖、傳播。在網路世界，迷因是非常有效的溝通模式。由於迷因看似無害，它們通常脫離了原本的創作脈絡，有自己的生命，代表沒有人需要為迷因傳遞的仇恨或不當觀念負責。然而，正如網路研究局的攻擊行動所示，迷因也能成為資訊戰的武器。專長媒體操控和不實資訊的哈佛大學教授瓊．唐納文（Joan Donovan），曾在二〇一九年的《麻省理工學院科技

*編按：此處為原迷因圖的文字出現筆誤，故中文也以錯字呈現。

評論》（*MIT Technology Review*）發表文章，指出迷因「讓騙術和洗腦手法更容易提升至國與國的層級。」迷因戰爭也成為「美國政治的一部分」，因為「各國政府、候選人和運動人士」都已經開始使用迷因。⑱

網路研究局也使用社群網站，為其他攻擊策略預作準備。舉例來說，俄羅斯駭入民主黨全國代表大會和希拉蕊陣營後，準備將電子郵件內容洩漏給創立維基解密網站（WikiLeaks）的「激進駭客」（hacktivist）；與此同時，ＩＲＡ在社群網站貼出各種和維基解密及其創辦人朱利安．亞桑傑（Julian Assange）有關的正面內容，例如讚揚亞桑傑是真正的英雄、揭密者。幾天後，一旦希拉蕊的電子郵件內容公諸於世，美國民眾就會更傾向接受ＩＲＡ的說法。

二〇一六年，社會大眾逐漸獲知俄羅斯干預美國總統大選的真相，克里姆林宮仍矢口否認牽涉其中。於此同時，網路研究局持續操控社群媒體，甚至開始帶風向，嘲笑所謂「有俄羅斯勢力介入」的想法。美國前總統歐巴馬也出現在其中一則瘋傳的迷因，被用來諷刺俄羅斯干預美國總統大選的想法根本是無稽之談（見下頁圖）。圖中，歐巴馬身旁都是貌似阿拉伯人的蓄鬍男子，暗示他與「穆斯林兄弟會」關係匪淺。這個跨國遜尼（Sunni）派伊斯蘭組織起源於埃及。英文搭配的文字內容都以大寫字母表示：「媒體不調查歐巴馬和穆斯林兄弟會，對川普和俄羅斯莫須有的關係倒是窮追猛打。」（見上圖）並呼籲民眾「認同請分享」。這則迷因很高明，看準人們早已不信任媒體的政治報導，同時也暗示主流媒體鄉愿而偏頗，竟然相信川普和俄羅斯之間「捏造的關係」，卻無視歐巴馬和穆斯林兄弟會有關的傳聞。

網路研究局的行動持續至二〇一七年。選舉後過了幾個月，俄羅斯勢力開始浮上檯面，成為美國政壇最大的爭議，IRA於是陸續刪除或關閉帳號。牛津大

·以美國前總統歐巴馬為主角的IRA瘋傳迷因

學不實資訊研究團隊率先提出了一批關於ＩＲＡ的行動報告，他們發現：

> 令人驚訝的是，在俄羅斯介入二〇一六美國大選一事曝光後，ＩＲＡ的行動並未立刻停止。介入程度不減反增，範圍甚至涵蓋公共政策、國家安全以及年輕選民相關議題（中略）選舉結束後，ＩＲＡ在Instagram和臉書的貼文數都大幅提升，Instagram則是ＩＲＡ活動成長最顯著的平台。[19]

網路研究局對美國總統大選的影響難以準確量化，也無法透過分析主張川普勝選完全歸功於「俄羅斯介入」。這是個很好的藉口，讓我們不再深究美國人投下這一票的一切因素——甚至可能再次讓川普這樣的民粹主義者入主白宮。然而，把俄羅斯的攻擊行動當成一場騙局或無稽之談，也同樣不正確。俄羅斯的攻擊清楚展現了這些惡意行動者如何利用資訊末日下的環境；新的技術一旦更為普及——例如深度造假，資訊末日只會更加惡化。一如過去，俄羅斯將會繼續利用資訊生態系統不可信且危險的一面，尋找新管道影響美國二〇二〇年的總統大選。就像拉赫塔計畫比感染行動更具威脅，克里姆林宮在二〇二〇年的行動必然會更高竿。

## 「雙重騙局」行動

二〇二〇美國總統大選前，俄羅斯正嘗試以新的手段攻擊美國，讓攻擊來源更難以追蹤。克里姆林宮的策略轉變其實有跡可循。二〇二〇年三月十二日，美國CNN電視網、推特、臉書及網路分析公司Graphika[20]同步揭露了「雙重騙局計畫」（Operation Double Deceit）。一如先前的拉赫塔計畫，「雙重騙局」也是跨平台的社群媒體干預計畫。計畫遭揭穿時只進行了九個月，網路規模仍不算大：共有六十九個臉書專頁、一萬三千五百人追蹤；八十五個Instagram帳號、二十六萬三千人追蹤；以及七十一個推特帳號、六萬八千五百人跟隨。

當初，拉赫塔計畫是由IRA情報人員在聖彼得堡執行，到了二〇二〇年，相關工作則外包給位於西非的迦納（Ghana）。IRA在幕後操控迦納的一個非政府組織。這個空殼組織的全名是「消除非洲解放障礙」（Eliminating Barriers to Liberation of Africa，簡稱EBLA），也有網站、辦公大樓和員工。根據EBLA設立的假網站（現已停止運作）所述，這個非政府組織主張進行「網路運動——一種透過新媒體（New Media，簡稱NM）提出倡議的機制，引發大眾對非洲人權議題的關注，而不只是分享新聞或轉貼侵害人權的消息。」[21]

乍看之下，EBLA網站似乎煞有其事。網站提到各項正在進行的「計畫」，也設置了顯眼的「捐款」按鈕。但只要仔細檢視，就會發現一切都只是做做樣子。捐款按鈕毫無反應、網站充滿自動生成的拉丁文，其中一項計畫更宣稱已募得二千三百一十五億三千萬美元，超過迦納年度國內生產毛額（GDP）的三倍之多。

EBLA提供員工智慧型手機，要求他們在社群媒體張貼文章，時間則是迦納當地的傍晚至夜間，以對應美國的白天。EBLA的員工應該不難推測，自己發文的對象就是美國人；事情卻有了不同的發展，證實他們是在不知情的情況下被IRA當成了一分子。這樣的雙重騙局——先欺騙了美國人，再欺騙迦納當地的工作人員——就是Graphika將俄羅斯這次行動定名為「雙重騙局」的原因。這間分析公司指出：

> 我們無法確知EBLA工作人員對行動目標及幕後人士的了解程度（中略）

ＥＢＬＡ的經理用的是假名，並且告訴組織的工作人員，工作內容只是發起網路運動；有位ＥＢＬＡ工作人員接受ＣＮＮ專訪時表示，他們「完全不知道」自己竟然成了俄羅斯網軍。[22]

這不是俄羅斯第一次雇用不知情的工作人員。在資訊末日下，克里姆林宮當局已然精於此道。執行拉赫塔計畫時，ＩＲＡ雇用了美國人來經營社群、刊登廣告以及參與他們發起的活動。現在，ＩＲＡ雇用了迦納人，替俄羅斯人攻擊美國。

「雙重騙局」也再度瞄準了美國最脆弱的一環：種族問題。ＥＢＬＡ的工作人接獲和拉赫塔計畫相同的指示。首先，他們邀請非裔美國人加入網路社群，再灌輸社群成員正面的訊息，讓成員對自己的身分感到自豪。接著，他們讓社群成員與社會產生疏離感，在這些刻意打造的社群發布負面訊息，使社群成員感到憤怒、被孤立。貼文結合了積極、正向的內容，例如黑人榮耀、黑人之美、黑人文化傳承等，以及負面、對立的內容，例如種族主義、壓迫或警察暴力。[23]他們也鼓勵迦納的工作人員像幾年前的ＩＲＡ情報員一樣多方嘗試，找出能夠瘋傳的內容。ＥＢＬＡ的工作人員可以從共享的迷因和圖片庫取得資源，其中有不少是將二〇一六年的素材再利用。[24]

即使拉赫塔計畫因東窗事發而中止，「雙重騙局行動」仍舊展現了俄羅斯如何以不同手法利用資訊末日。現在，IRA利用的是真正的非洲人，不必再模仿拉赫塔計畫竊取圖片、用假名來創造「虛擬身分」。

「雙重騙局」包含以美國人的身分所建立的臉書專頁和社團，以及迦納當地的專頁；工作人員真正的個人帳號也成為其中一部分。這代表社群內容至少有一定的「可信度」，但簡而言之，這種策略只是為了進一步混淆視聽，掩蓋真正的幕後主使。就算「雙重騙局」已經曝光，假如俄羅斯就此放棄對稍後將在二〇二〇年登場的美國總統大選火上澆油，那才是真正出人意料的事。

## 危機漸起

雖然俄羅斯製造的不實資訊都遵循同一套基本原則，在資訊末日下，他們的手法卻變得更具威脅性。若以感染行動（可謂相當成功）對比拉赫塔計畫的影響力，感染行動花了近十年才在全世界流傳，並累積足夠的動能，讓八十個國家的報紙加以報導，也讓數十萬名讀者看見了蘇聯捏造的謠言。幾十年後，感染行動的影響力並未衰退，而是持續成長。時至今日，仍有數百萬人相信人造愛滋病毒的迷思。

拉赫塔計畫則不只是透過外國的紙本媒體散播一個謠言。拜網路、社群媒體及智慧型手機之賜，IRA能夠直接滲透美國輿論，即時散播許多謠言。IRA甚至更進一步，不只利用既有的對立，而是在美國社會注入新的分裂因子。進入二〇一〇年後，IRA透過拉赫塔計畫散播的眾多謠言，都在幾小時或幾天內於社群媒體瘋傳。感染行動觸及了數十萬人，而拉赫塔計畫則觸及了「數千萬」[25]美國人。感染行動留在美國的餘毒至今未清，想必IRA的拉赫塔計畫也將產生類似的惡果。

有鑑於美國社會的種族對立程度，俄羅斯慣用的種族誘餌手段實在極為惡劣。在資訊末日下，緊張程度很快就加劇而失控。在焦慮感倍增的時代，錯誤和不實資訊極具危險性——深度造假則更為可怕。舉例而言，只要了解製造瘋傳內容的關鍵，並在適當的時機釋出引發種族仇恨的影片，就能立刻形成亂源。

近來，俄羅斯持續利用、激化社會分裂來攻擊美國，將一個緊繃的國家推向臨界點。雖然美國人民在冷戰期間普遍能夠團結對抗蘇聯，現況已非如此。別忘了尤里．貝茲梅諾夫告訴我們的，俄羅斯的攻擊目標，就是「改變所有美國人對現實的認知」，以至於「無法得出合理的結論，來捍衛自己、家人、社群或國家」。而攻擊確實奏效了。

根據情治單位和軍方的說法，美國仍然缺乏有效的對策，來抵抗克里姆林宮當局在資訊末日下愈來愈大膽的攻擊手段。美國國防部的一份白皮書指出：「美國仍低估了俄羅斯的攻擊規模，包括以資訊戰和不實資訊影響歐洲、中亞、非洲和拉丁美洲的輿論。」[26]然而，正如第三章探討的內容，美國內部的黨派對立如此嚴重，導致美國人甚至無法對俄羅斯介入的客觀事實取得共識，更遑論此事如何發生，以及該如何面對。

以政治論述而言，「俄羅斯介入」此一概念極具爭議，甚至被視為黨派議題。民主黨執著於川普陣營和克里姆林宮有所勾結的假設，以及如何將此作為彈劾總統的理由。〈穆勒報告〉最終指出，並沒有比「合理懷疑」更充分的證據，證明川普陣營與俄羅斯人勾結；川普也宣稱，穆勒早已證明他沒有「勾結」以及妨礙司法的行為。但穆勒並未提出上述主張。穆勒事後出席聽證會時表示：「我們並未提及『勾結』一詞，因為這不是法律名詞。我們關注的是，相關證據是否充分，能以參與陰謀的罪名，起訴川普陣營的任何一位成員。而答案是否定的。」[27]穆勒用詞謹慎，表示即使未達犯罪標準，川普總統也並非「完全無罪」。然而，穆勒的說詞並沒有讓民主黨獲得他們期待的如山鐵證。即使知道不會通過，民主黨隨後仍為反而反，堅持針對另一項議題進行彈劾程序。

另一方面，美國總統原本應該是國家安全的第一道防線，卻拒絕嚴肅看待俄羅斯的侵略行為。相反的，川普在過去四年只強調「這是一場騙局」，認為這種說法就是為了使其總統身分不具合法性。川普對所有與他意見相左的人進行報復，甚至包括了美國情報單位。眼看國家的三軍統帥把他們努力調查的成果當成一個笑話，情報單位的各級長官想必相當痛苦。二〇一九年，川普在日本大阪舉行的G20高峰會與普丁會面時，甚至假意訓斥了笑容滿面的普丁：「不要介入美國選舉，拜託。」[28]普丁肯定很滿意川普的反應。

## 影響層面更廣的問題

俄羅斯也成為其他國家仿效的對象。如果莫斯科當局能在發動攻擊後全身而退，等於給了世上其他國家一個暗示：面對資訊末日，美國和其西方盟友顯得脆弱無助。美國國防部也發現，其他國家行為者（state actor）——特別是中國，十分認同俄羅斯瞄準美國和西方國家的行徑；這些國家和俄羅斯「逐漸形成結盟關係」，認為彼此「同樣忌諱美國的國際盟友，並傾向於採取穩定的極權統治。」㉙

為了解其他流氓國家與極權政體如何詮釋、模仿俄羅斯在資訊末日下的行動，我向芮妮・迪瑞斯塔請教資訊戰之下的地緣政治學。芮妮表示，俄羅斯依然是資訊戰大師，部分原因是「長期投資的比例更高」。莫斯科當局耗費「數年甚至數十年」建立資訊戰的基礎。我詢問芮妮對中國的看法，她認為，北京當局滲透外國的能力雖然不如俄羅斯，但他們「在國內實施了類似的長期計畫」。迄今，中國已成功利用資訊末日「對付自己的人民」。中國的做法大獲成功，主因是國家控制了網路生態系統。政府可以監控使用微博、微信、通訊軟體QQ等平台的十數億中國人民。然而，中國開始將手伸出了國界。牛津大學的研究人員發現，二〇一九年夏天，香港的抗議行動成為了分水嶺，中國就此展現「侵略」企圖，開始滲透西方的社群媒體平台，包括臉書、推特及YouTube。研究人員認為，這讓「民主世界提高警覺」。[30]

芮妮描述了推特上某些由中國資助的滲透行為，依她所見，俄羅斯的手段顯然更高明。芮妮告訴我，在香港抗議期間，她看過某些聲援中國的推特帳號，根本只是「水準低落的垃圾機器人」。建立這些帳號的人甚至沒有刪除先前在時間軸留下的內容，毫不掩飾自己其實是盜來的假帳號。只要瀏覽這些帳號過去的推文，「你就會發現，他們原本在推文討論美國樂壇天后亞莉安娜（Ariana Grande），卻突然學會了中文，還對香港的政治十分熱中。」芮妮笑著對我說。但我們不該認定北京當局的手段會一直這麼拙劣。正如本書第六章的討論，在地緣政治局勢因武漢肺炎產生動盪的情況下，中國政府已迅速掌握了更有效利用資訊末日的方法。

利用資訊末日的混亂謀求私利的國家，不只俄羅斯和中國。我也和芮妮討論到其他正在崛起的行動國：伊朗、沙烏地阿拉伯、阿拉伯聯合大公國及北韓。牛津大學研究人員發現的證據顯示，有二十八個國家曾於二〇一七年進行某種形式的網路不實資訊散播行動。到了二〇二〇年，已增加到七十個國家。雖然這些國家在資訊末日下造成嚴重的威脅，但截至目前，以手段而言，克里姆林宮當局仍大幅領先其他國家。普林斯頓大學在一項二〇一九年開始進行的研究中發現，從二〇一三到二〇一九年，美國的境外不實資訊有百分之七十二來自俄羅斯，幾乎是其他國家攻擊總數的三倍。㉛

打個比方，倘若俄羅斯是可以不看譜、用平台鋼琴演奏柴可夫斯基奏鳴曲的大師，其他國家目前還只能用兒童電子琴彈「一閃一閃亮晶晶，滿天都是小星星」。

# 3

## 西方世界：內部威脅

DEEP FAKES

美國總統唐納・川普正在進行媒體簡報。如同世界上其他國家，美國也因為武漢肺炎，面臨二次世界大戰以來最嚴重的危機。數億人居家隔離，必須保持「社交距離」以防止病毒擴散。世界經濟危在旦夕，科學家必須與時間賽跑，盡快研發出疫苗。記者向「自由世界的領袖」川普詢問治療武漢肺炎的可能方式，而在他身旁的是武漢肺炎工作小組顧問——美國公衛專家黛博拉・比爾斯博士（Dr. Deborah L. Birx）。川普看了比爾斯一眼後說：「假設我們對人體進行大量的——紫外線照射，或只是用很強的光——」他轉頭看著比爾斯：「我記得妳說這種方法不一定有效，但妳會試試看。」他再度面向媒體：「我也看到消毒水一分鐘就殺死病毒，只花了一分鐘。我們是不是能用差不多的方法給大家注射消毒水，把病毒殺光？」川普迅速看著比爾斯，點了點頭：「我不是醫師，但基本上，我知道怎麼解決問題。」

上述文字並非虛構，這是二〇二〇年美國所發生的事。全球正因病毒肆虐，陷入本世紀最嚴重的危機，而總統告訴媒體，「注射消毒水」可以消滅這個病毒。不過，川普會有這樣的表現早已不令人意外，應該說在意料之中才對——這只是川普任內的正常發揮。自由世界的領導者公然散播有害訊息——包括謠言和不實資訊。這並不是黨派問題；很多政治人物都會說謊和誤導民眾，但川普的作為比他們糟糕百倍。西方啟蒙運動的典範，也就是作為自由民主基石的客觀、理性和真理，都被川普否定；這在資訊末日時代特別容易產生危害。

我們為什麼會走到這一步？

## 世界各國的指標

一旦論及威脅西方世界的錯誤和不實資訊，論點大多著重於俄羅斯等國發起的外來資訊戰。然而，程度相當的資訊威脅，其實就潛伏在各國內部。國內威脅逐漸升高，卻不被視為攸關國家存亡的重要議題。唐納．川普——這名男子可能就是資訊末日的化身——沒有什麼比他一路崛起至入主白宮，更能清楚顯示這點。

川普以民粹主義者之姿獲得權力，他利用了長年以來瀰漫西方世界，對政治與制度的信任危機。過去十年來，我在歐洲見證了類似的發展。關於民粹主義在西方捲土重來後，對自由民主政權可能產生的影響，已有許多研究，我就不再贅述。此現象的一個層面特別引起了我的關注：民粹主義領導者如何使逐漸腐化的資訊生態系統成為一種常態並延續下去，以及這是否會導致一個臨界點，讓西方的政治體制和社會再也無法承受？如果我們對現實不再有共識，淪為無止盡的國內資訊戰爭，社會還會有言論自由、還可能進步嗎？

要回答這個問題，川普任內的表現是個很好的切入點。以目前的資訊生態系統為背景，川普寫下的民粹主義劇本，似乎讓美國更靠近那個臨界點了。這個現象透過幾種方式呈現：首先，他讓美國陷入前所未有的信任危機。其次，他掌控了資訊生態系統，利用個人巨大的影響力，散播源源不絕的有害資訊，包括粗劣造假和深度造假。第三，他煽動黨派對立，降低所有人尋求共識的意願。美國社會在二〇二〇年陷入動盪並非巧合。

川普只是資訊末日的推手之一，但我選擇聚焦在他身上，是因為他的表現足以定調往後的發展。美國對其他西方世界國家而言，終究是個指標。以總統為代表，美國如何（或無法）回應國內的資訊威脅——將成為西方世界的前車之鑑。在二〇二〇年的總統大選前，風險已升到最高。

## 信任危機

《辛普森家庭》曾用荒謬喜劇的形式，預言川普將入主白宮。大多數人並沒想過這會發生在現實生活，直到一切突然成真。但川普的勝利並非僥倖。如同深度造假不是憑空出現，川普也一樣。川普在二〇一六年選戰勝出的其中一個原因，就是逐漸惡化的信任危機；而過去二十年，信任危機也形塑了西方的政治世界。一如我在大西洋彼岸研究英國脫歐公投和其他歐洲政治活動時所見證的，選民逐漸認為「體制」已經不再「有意義」。他們以選票拒絕維持現狀。

西方民主國家的信任危機為何逐漸惡化，並沒有所謂核心原因，但可歸咎於許多不同因素，包括二〇〇八年的金融海嘯、全球化、移民潮、科技發展及資訊末日。政治光譜上從左到右，可以明顯看出這種疏離現象；而這種疏離幾乎一致轉化為反對「體制」、「菁英」以及「媒體」的怒火——上述三者可說是西方民主世界的堡壘和制度。

與資訊末日的發展同步，有幾項研究追蹤了過去十年，民眾的信任如何開始加速崩解。以美國非政府組織「自由之家」（Freedom House）提出的《世界自由度》（*Freedom in the World*）指標性報告為例，二〇二〇年度報告已連續十四年認為全球民主政治處於衰退狀態，其中包括美國和其他西方國家。報告指出：

> 民主和多元主義正遭受打擊。獨裁者持續剷除國內的異議聲浪，讓他們的惡勢力深入目前尚未淪陷的地方。同時，許多由人民選出的領導者盲目追求國家利益，政策愈形偏激。[1]

二〇一八年，我協助輿論暨消費者洞察公司Dalia Research規劃「民主認知指數」（Democracy Perception Index）時，就實際感受到大眾的理想破滅。當時，我們嘗試進行相關領域唯一的大型研究，以量化民眾的信任危機。我們在全球各地的五十個國家訪問了約十二萬五千人，詢問他們一系列問題，評估他們是否認為政治「體制」有效運作。數據很不樂觀，將近三分之二生活在民主制度下的民眾（百分之六十四），覺得他們的政府「鮮少」或「從未」考慮公共利益。生活在非民主國家的民眾，則有百分之四十一感受相同，比民主國家少了超過二十個百分點。美國和英國社會理想幻滅的比例都高於平均，分別為百分之六十六及百分之六十五；法國和德國則都是百分之六十四。②

信任危機定義了西方世界，也正好符合川普的利益。選戰期間，川普的抨擊者嘲笑他不適合擔任要職，尤其是他公然說謊的行徑。川普曾經大力主張「歐巴馬國籍陰謀論」——亦即巴拉克・歐巴馬總統不在美國境內出生，不具公民資格。③他認為氣候變遷是「對中國有利」的「大騙局」；並暗示共和黨參議員泰德・克魯茲（Ted Cruz）的父親可能涉入美國前總統約翰・甘迺迪（John F. Kennedy）的謀殺案。儘管如此，川普依然贏得選戰，讓批評者始料未及。這不是因為川普的支持者「太蠢」，沒發現他的謊言。大多數人都知道川普說謊。根據二〇一八年的一項研究報告，十個美國人之中只有不到三人——而十個共和黨支持者中則只有不到四人——相信川普提出的幾項重大不實指控。④容我引述德裔美籍哲學家漢娜・鄂蘭（Hannah Arendt）的說法，倘若民眾相信一切都是謊言，便不會在意政治領袖說謊。美國公民如果對「體制」產生如此強烈的疏離感，就可能認為川普「為了正當理由說謊」或「為了民眾說謊」。何況要是人人都是偽君子，誰還在乎事實呢？

當選美國總統後，川普並未改變自己的行為，以挽救美國人民幻滅的理想。就算他做了什麼改變，結果也只是不斷散播錯誤和不實資訊，讓美國政壇更烏煙瘴氣。客觀來說，川普就是一台謊言製造機。根據《華盛頓郵報》建立的資料庫，直到二〇二〇年一月，川普在過去三年已公然散播超過一萬八千則錯誤及誤導資訊。換言之，美國總統平均每天就有十五則不實言論，包括對美國政治制度、亦即美國民主基石的打擊——他的目標可能是情報單位、媒體，甚至政府本身。

除了謊話連篇，川普也善於利用「騙徒紅利」（liar's dividend）。「騙徒紅利」的概念是，騙徒把自己不喜歡的事物貼上「騙人」的標籤，即使有違事實亦然。在資訊末日下，「騙徒紅利」逐漸成為強大的工具；川普就很常利用這個概念。例如，他每天都會用「假新聞」反駁任何他不喜歡的消息，甚至是影像證據。二〇一七年，川普指控娛樂新聞節目《走進好萊塢》（*Access Hollywood*）的話題錄影帶內容「騙人」，他在影片中吹噓自己總是「抓女人下體」（當然，隨著深度造假技術更為普遍，「騙徒紅利」也比以往更容易得逞。在誰都可能被偽造的世界，人人也都能提出看似合理的反駁。）

簡言之，可以說是信任危機讓川普當選，也是川普讓信任危機持續延燒。位於華盛頓特區、向來保持中立的智庫——皮尤調查中心（Pew Research Center），記錄了美國人民自二〇〇七年後對政府信心下滑的過程——數據來到新低點，只有百分之三十的美國民眾表示相信政府所為是正確的。在川普執政期間，數據持續降至歷史新低。根據皮尤研究中心的調查，在二〇二〇年，只有百分之十七的美國民眾認同華府所為；其中百分之三認為政府「幾乎都是對的」，百分之十四則認為政府的行為「多數時候都正確」。[5]這項數據顯示，美國或許愈來愈靠近那個「臨界點」了。

## 議題設定

美國正逼近「臨界點」的第二個跡象，就是總統不斷散播各種有害資訊的行為。川普藉由「議題設定」（agenda setting）掌控了資訊空間。「議題設定」是用來探討權力的理論，主張某些議題愈常出現在公共討論中，人民就愈容易相信這個議題的重要性。由此推論，作為資訊傳遞管道的媒體，就擁有「設定議題」的巨大權力。從二〇一五年投入角逐總統大位開始，川普就徹底扭曲了「議題設定」的定義。他不讓媒體插手，自行掌控了傳統媒體，成為設定議題的人。方法之一就是製造各種情境，讓媒體無法不報導和川普有關的新聞。投身總統選戰後，每當他在一群體面的集團工作人員包圍下走下川普大樓的電扶梯，批評墨西哥人都是「強暴犯」⑥、承諾將「打敗中國」，他已經徹底擄獲了美國人。

川普掌握了新聞圈，讓他得以隨心所欲，用大量錯誤及不實資訊誤導大眾。例如武漢肺炎疫情期間，美國人民無法自由旅行、集會時，川普就把每日例行的媒體簡報變成了議題設定的大師課程。客觀來說，他的危機處理方式相當差勁（詳見第六章）。如果連注射消毒水都被總統當成對抗新型冠狀病毒的療法，批評他無能、甚至強烈質疑他是否有能力擔任美國總統的聲音，就不該被視為黨派惡鬥。然而，川普利用記者會為所謂的「另類事實」*辯護，包括公然說謊，表示自己「迅速」對疫情做出了回應。

民調結果顯示，美國民眾看待武漢肺炎的態度，與他們的黨派立場有關。在公共衛生危機中，這種現象可能導致潛藏的危險。撰寫本書時，武漢肺炎已在美國境內敲響喪鐘，造成超過十萬名患者死亡。美國人很可能因為自身黨派立場而被灌輸錯誤資訊，並未採取充分的自我保護措施——例如對封鎖政策的輕視。根據凱薩家族基金會（Kaiser Family Foundation）進行的一項研究，只有百分之三十七的共和黨支持者（相較於民主黨支持者的百分之七十），表示自己外出時會配戴口罩。同一項報告也顯示，川普可能不會因處理疫情失當而流失選票。相較於民主黨支持者的二十九個百分點，只有百分之六的共和黨支持者表示，疫情是他們投票時的首要考量。[7]

時事評論家雖然掌握了關鍵，大肆批評川普謊報疫情，但他們也忽略了另一個重點，也就是報導的聲量——無論正面或負面——都正中川普下懷，讓他能繼續帶風向。老話一句：「有宣傳就是好宣傳」。川普絕對同意這句話。他在推特上引用了

*譯註：「另類事實」一詞出於川普二〇一七年的就職典禮。媒體報導觀禮人數少於歐巴馬在二〇〇九年的就職典禮；川普的發言人則表示觀禮人數是「史上最高」，並抨擊主流媒體。隔天，白宮顧問凱莉安．康威（Kellyanne Conway）接受CNN採訪時表示，發言人的說法只是「另類事實」；代表她並不承認白宮的說法有誤，卻也無法反駁外界的說法。

《紐約時報》的一篇文章，吹噓他獲得的媒體聲量：

川普總統是點閱大熱門。自從白宮恢復每日簡報後，川普先生和他的疫情簡報已在全美有線新聞台吸引了平均八百五十萬觀眾，和約會實境節目《鑽石求千金》（*The Bachelor*）完結篇的收看人數不相上下，數字還持續攀升（以下略）⑧

川普也透過社群媒體來設定議題。作為總統的發聲管道，我們不該低估推特的重要性。推特就像川普的臨時講台，讓他不受傳統媒體把關，直接向全世界發聲。在二〇一六年夏天，川普擁有整整一千零二十萬名跟隨者，每天平均發表十五則推文。⑨成為美國三軍統帥後，川普也沒有減少推文的頻率，反而是加倍。在執筆此刻，川普的推特有八千萬人跟隨——相較於二〇二〇年初，又增加了數百萬。他的推文量幾乎是四年前的兩倍，現在每日平均推文次數為二十八次。

日復一日，川普的推特永不停止瘋狂更新。從美國的肯塔基到蘇丹的喀土木，任何人都能追蹤川普幾乎每小時更新或轉推的內容。川普的推文和轉推往往意圖引戰、沒有底限，通常是毫不掩飾的謊言；當然，他也十分入戲。舉例來說，他曾經在推特上公開宣稱自己是「穩重的天才！」[10]，也曾強烈抨擊伊朗總統哈桑・魯哈尼（Hussan Rouhani）：

> 別再妄想威脅美國，否則你的下場會很慘，悲慘的程度可說史上罕見。搞清楚，美國不會繼續忍受你像瘋子一樣的死亡和暴力威脅！[11]

推文的「娛樂性」，某種程度上也掩蓋了內容有害的本質，並加以粉飾。川普的推文都有很高的人氣。他能直接觸及全球數千萬人，在他之前，沒有任何一位領導者做得到。川普完全掌握資訊空間的現象，也可以視為一種言論審查；學術界則稱為「噪音言論審查」（censorship through noise）；這是一種典型的不實資訊手法，讓空間充斥過多資訊，沒有人來得及消化，因而導致混亂和分心。如同資訊戰大師俄羅斯，川普也是這方面的行家。

## 粗劣造假和深度造假

美國總統公然分享偽造或經過編輯的影音素材，則是接近臨界點的另一指標。二〇一八年開始，美國的公共討論充斥著劣質造假影片。「粗劣造假」是深度造假的前身，也就是經過剪接，或編輯手法粗糙的影像、聲音或圖片。第一則和粗劣造假有關的大新聞，發生在二〇一八年十一月，當時美國期中選舉剛落幕。過去早與川普有過爭執的CNN駐白宮首席記者吉姆．阿寇斯塔（Jim Acosta），在記者會上與總統發生激烈衝突。有位年輕的白宮實習生想從阿寇斯塔手中拿走麥克風；阿寇斯塔放低手臂，不讓對方把麥克風拿走，並說：「不好意思，這位女士」，然後繼續對總統提問。川普因此大發雷霆。白宮史無前例地譴責此事，暫時取消讓阿寇斯塔進入白宮的記者證，命他等待「進一步通知」。時任白宮發言人的莎拉．桑德斯（Sarah Sanders）則指控阿寇斯塔「對一位善盡職責的年輕女性動手」，以此護航白宮的決定。[12]

隔天，一段遭篡改的影片由極右派網站「資訊戰爭」（InfoWars）流出，內容就是阿寇斯塔和川普的衝突過程。影片內容經過編輯，看起來就像阿寇斯塔動手攻擊那位女士。這段影片和白宮的說法不謀而合，白宮也轉推了這段造假影片，作為取消阿寇斯塔記者證的證據。後來，當影片內容被證明造假——也就沒有任何理由可以取消阿寇斯塔的證件——白宮決定把事情鬧大，宣稱阿寇斯塔在白宮的行為不當，而白宮有權決定是否發出證件。直到CNN決定採取法律途徑，白宮才讓步，恢復了阿寇斯塔的記者證。⑬

阿寇斯塔事件只是最早瘋傳的造假影像之一。二〇一九年，網路上開始流傳一段編輯過的影片，片中的民主黨籍眾議院議長南希·佩洛西（Nancy Pelosi）講話含糊，顯然是喝醉了。影像鑑識專家表示，製作者可能是將原始影像以慢速播放來呈現這樣的效果。川普發現這段粗製濫造的影片時，不忘把握機會。他喜孜孜地轉推影片，昭告數百萬跟隨者，並趁機強調「緊張的南希」、即佩洛希本人精神狀況不佳。

此後，劣質造假影片已成為川普推特內容的一部分。二〇二〇年二月，川普利用了一段粗劣造假影片，內容是佩洛希過去被側錄的一次作秀場面。當時，川普正在發表國情咨文演說，佩洛希選擇了誇張的政治手段，刻意在川普說話時撕毀演講稿的影本。後來，一部刻意編輯的影片流出，看起來就像佩洛希以撕毀手中的講稿來回應台下的民眾，其中包括一位前塔斯基吉空軍（參與過二戰的老兵）以及一位單親母親——她的女兒在當晚獲得了獎學金。[14]雖然佩洛希原本的行為無疑是要挑起黨派對立，卻是為了挑戰總統、而非藐視美國公民（川普轉推這則粗劣的造假影片，就是為了暗示這點）。

之後，川普也曾轉推另一段關於喬・拜登的造假影片。拜登在影片中看似支持川普，他說：「我們只能讓川普連任。」[15]這個影片最早出現在川普的社群媒體總監丹・史卡維諾（Dan Scavino）的推特上。隨著選舉將近、平台監控不實資訊的壓力日漸增加，在推特對操控媒體的新政策下，史卡維諾這則推文也率先被標上警示訊息。但這仍不足以阻止川普，他轉推了這段粗製濫造的影片，還附上文字說明：「我同意拜登！」

不出所料，川普也從粗劣造假進化，貼出他的第一則深度造假內容了。受害者依然是喬・拜登。二〇二〇年四月，唐納・川普轉推了一張深度造假GIF動圖——關於他在民主黨的準競爭對手。那張動圖是用AI手機應用程式Mug

Life製作而成。動圖裡的拜登雙手交握，揚起眉毛，邊做鬼臉、舌頭邊繞著嘴唇移動，舔自己的臉。[16]這則推文來自一個匿名帳號@SilERabbit，乍看是一個惡搞帳號，但其實全是抹黑拜登的內容。

動圖右下角出現了Mug Life的浮水印，很明顯是深度造假的產物，但背後的用意相當惡劣。動圖的文字說明將拜登稱為「邋蹋喬」（Sloppy Joe）*，動畫效果也讓拜登看起來很愚蠢。@SilERabbit已數次用推特貼出拜登的動圖，直到二〇二〇年四月二十七日，終於一夕爆紅。川普過去從未與@SilERabbit有任何互動，卻突然轉推了該帳號的推文；除了立刻引發瘋傳，「邋蹋喬」的標籤（#Sloppy Joe）也成為推特熱門關鍵字。

動圖的內容是否很蠢？沒錯。一眼就能看出造假？是的。但有沒有達到目的？絕對有。川普轉推後，那則推文獲得了將近一萬七千次轉推、四萬個讚，觸及了數以萬計的用戶。我們可以合理推論，這張動圖至少在某種程度上影響了選民對拜登的觀

＊譯註：「邋蹋喬」也是美國一種常見的肉醬三明治。

感。我已經提過，迷因及其他「愚蠢」的網路內容，都可能是散播政治不實資訊的有害工具，特別是這類型的內容看似無害。某個人躲在惡搞帳號背後，假扮成「愚蠢的兔子」*，依然能夠造成傷害，尤其是有了像川普一樣「有影響力的人物」推波助瀾。在這個例子裡，這位有影響力的人物正好是美國總統，也合理化了操控媒體來攻擊政治對手的行為。

## 黨派對立

川普利用資訊戰加深美國社會的黨派對立，也把美國進一步帶向了臨界點。強化派系分裂完全符合川普的政治路線，也使得美國（以及廣義而言的西方世界）變得更為衰弱。如果美國人忙著攻擊彼此，就無法回應需要兩黨齊心協力才能處理的生存議題（例如資訊末日）。

* 編按：@SilERabbit可視為「Silly Rabbit」的諧音，直譯就是「愚蠢的兔子」。

美國政治永遠都在相互對抗，但在資訊末日下發生的極端黨派對立，是相對少見的現象。這種現象雖然並非始於川普，但在川普上台後，情況就愈演愈烈。皮尤研究中心提出的資料顯示，美國社會從二〇一二年開始出現一道鴻溝；在川普政權下，已經發展成史上最大的鴻溝了。[17]時至今日，百分之九十一（！）的美國人認為，共和黨和民主黨之間的衝突「很嚴重」或「非常嚴重」。相對的，只有百分之五十九的人認為富人和窮人的衝突一樣嚴重，也只有百分之五十三的人認為黑人和白人的衝突同樣激烈。顯見相較於種族或社會階級，黨派忠誠才是更嚴重的分裂原因。

為了進一步了解川普如何主導黨派對立，我請教了德州農工大學的政治修辭史學家珍妮佛・梅西卡（Jennifer Mercieca）博士，她研究川普的溝通策略已有數年。[18]「很多人不喜歡這種說法，」梅西卡說：「但川普是個修辭天才。」他把修辭當成政治手段。川普的修辭一方面牢牢抓住了支持者，同時也詆毀了他的批評者。由於川普掌控了資訊生態環境，他的言語擁有巨大的影響力，足以加深美國日漸嚴重的對立。

為了抓住支持者的心，川普使用三種主要的修辭策略。首先，川普直接「向民眾喊話」，藉此讚揚支持者願意作為他的後盾。川普的言論通常缺乏現實基礎，「我們在各地都大獲全勝」就是一例；此外還有「我們所做的，可能超越了過去任何一位總統。」[19]他不斷對美國經濟發展發表這類不實主張，包括「我們可能是歷史上最好的經濟體，比中國更大，也不輸任何國家。」即使在武漢肺炎疫情的經濟衰退下，川普的說法依然不變（但武漢肺炎已造成四千萬美國人失業）。

第二，川普擅於使用「省敘法」（paralipsis），亦即透過「否認自己說過」來「說出」某件事。用梅西卡的話來說，這讓川普「重複特定資訊，且不必為此負責。」其中一例就是否認自己曾侮辱北韓領導人，藉此侮辱對方；川普推文表示「金正恩為何說我『很老』？我可從來沒說過他『又矮又胖』。」川普的省敘法也包括這句開場白「我不會告訴你們……」，而後卻接著說下去；這讓川普的支持者認為他正要說的事很難以啟齒，即使接下來的內容根本不是真的。

第三，川普為了自己的私利，挪用了「美國優越論」（American exceptionalism）。所謂的優越論認為美國是獨一無二的，在美國的公共討論中已存在多時。川普版的優越論，創新之處則是以往往（但不一定）不實或誤導性的言論，聚焦於美國如何遭受其他國家的不當對待，並強調只有川普和他的支持者可以讓美國恢復原有的榮光，「讓美國再度偉大」。這是川普在外交政策上慣用的手法，例如發表聲明「中國從未付給美國一毛錢！中國一直在占美國便宜——直到我上台！」[20]或者「五十年來，沒有人比還沒睡醒的喬·拜登對中國的態度更軟弱。他根本是怠忽職守。他讓中國人得到他們想要的一切，包括不平等的貿易協定。我會拿回這一切！」[21]

除了建立自己的支持群眾，川普也分裂他的反對者。他再度使用三種主要的修辭策略。第一，他提倡陰謀論，藉此製造威脅。舉例而言，川普在二〇一六選舉期間，不斷指控對手希拉蕊說謊，是個「罪犯」，並動員他的支持者高喊口號：「把她關起來！把她關起來！把她關起來！」二〇二〇年，川普積極散播另一個陰謀論——也就是所謂的「歐巴馬門」（Obamagate）事件，對巴拉克·歐巴馬作出不實指控，宣稱他企圖危害川普的總統職權。雖然川普對歐巴馬的具體指控內容不明，卻表示歐巴馬是「美國史上頭號政治犯！」二〇二〇年五月，川普反覆在推特中提到「歐巴馬門！」宣稱「連水門案都不夠看！」[22]選前的陰謀論就此傳開。

其次，川普堪稱人身攻擊（*ad hominem*）大師，他的攻擊向來對人不對事。如果有人提出川普不喜歡的問題，他就反擊提問的人。美國國家廣播公司NBC的白宮記者彼得・亞歷山大（Peter Alexander）曾提問，對於因當前疫情而恐慌的美國人民，總統是否有話要說？川普立刻大動肝火並痛斥：「你這個爛記者！沒錯，我就是在說你爛。我認為你的問題很卑鄙，你在對美國人民製造恐慌。」[23]（亞歷山大和川普的對話也成為全球新聞的頭條——但重點並未放在川普的執政團隊如何缺乏應變能力，而被塑造成了人身攻擊事件。川普又占了上風。）川普也善用琅琅上口的綽號，讓大眾對他的人身攻擊言論印象深刻，像是「不老實的希拉蕊」（Crooked Hillary）、「沒睡醒的拜登」（Sleepy Joe）、「緊張的南希」（Nervous Nancy），以及「騙子歐巴馬」（Cheatin' Obama）。他也用同樣的招數對付各種組織機構，例如「失敗的紐約時報」（Failing New York Times）、「一事無成的民主黨」（Do Nothing Dems）以及「深層國務院」（Deep State Department）*。

第三，川普也仰賴「物化」（reification）策略——將他人視為物體——藉此將其貶

* 編按：deep state指的是「非經民選，由軍隊、警察、政治團體所組成，為保護其特定利益，祕密並實際控制國家」，常譯為「深層政府」，又稱「國中之國」；陰謀論者常引用「深層政府」來質疑國家在民選政權外另有實際統治者。美國自川普總統上任後，這種說法便日益流行。

為敵人。一如珍妮佛·梅西卡所說，這種「去人格化」的手法是一種「戰術」。當你將其他人稱為「害蟲」、「病毒」或「人渣」，「代表你準備打倒他們」。墨西哥人成為川普口中的「強暴犯和殺人犯」，但川普不只用這種語言攻擊非法移民，（可能如各位所料）甚至也用來批評「反川普」的少數共和黨成員。例如他在二〇一九年的推文內容：「反川普的共和黨人雖然都已經躺在病床上、沒多久可活了，但某方面來說，卻比一事無成的民主黨對美國更有害。盯緊他們，他們是人渣！」[24]

川普在資訊末日下的民粹主義路線，讓美國淪為更分裂且危險的國家。在逐漸腐敗的資訊生態系統中，他讓不信任和對立成為常態，代表現實生活中的暴力衝突一觸即發。在資訊末日下，暴力擴散的速度更快、更難以控制；這也是美國正逐漸靠近危險臨界點的另一個跡象。

## 「我不能呼吸」

事件發生在本書即將出版之際。二〇二〇年五月二十五日，一名四十六歲的黑人男性喬治・佛洛伊德（George Floyd），在明尼蘇達州的明尼亞波利斯市遭白人警察德瑞克・蕭文（Derek Chauvin）殺害。這又是一名在警方暴力下無辜喪命的黑人。佛洛伊德疑似因使用二十美元假鈔遭到逮捕。目擊者拍下怵目驚心的現場畫面，蕭文以膝蓋壓制佛洛伊德的脖子將近九分鐘，讓他窒息，過程中佛洛伊德還不斷乞求警察放過他。郡屬法醫事後宣布這是一起他殺事件。[26]除了佛洛伊德最後的哀求，我無法用文字描述這樁不公不義的悲劇：

我不能呼吸
我不能呼吸
他們要殺了我
他們要殺了我

我不能呼吸
我不能呼吸
求求你，警官
求求你
求求你
求求你，我不能呼吸

這句「我不能呼吸」，道盡了美國境內的種族衝突。二〇一四年，另一名美國黑人男性艾瑞克．賈納（Eric Garner）被白人警察掐住脖子而遇害時，也說了同樣一句話。[26]警方暴力導致種族間的對立和不滿逐漸升溫，在這種狀態下，佛洛伊德事件就成為壓垮駱駝的最後一根稻草。影片上傳幾小時後，就發生了抗議和暴力事件。以明尼亞波利斯市為首，幾天內已擴散至全美各地的三十個城市。在特定地區，原本和平的合法抗爭混入了憤怒的暴徒和無政府主義者。不明人士洗劫並縱火燒毀民宅、商家和汽車，警方和武裝部隊則出動了催淚瓦斯和橡膠子彈；市政府實施宵禁，宣布進入緊急狀態，甚至召集國民警衛隊（National Guard）協助重建秩序。無論網路或現實世界，白人優越主義者和極左派人士也開始煽動怒火。

國內秩序可能徹底瓦解之際，川普總統無恥地推了一把，讓情況變得更糟。他不但不承認和平示威者的存在，反而批評他們是安提法（Antifa，泛指美國左翼武裝行動）*的一分子和「極左派」。㉗

明尼亞波利斯市爆發暴力示威後，總統隨即推文責備民主黨籍的市長雅各．佛瑞（Jacob Frey）：「自由派民主黨人執政的地方就這麼不堪一擊？」㉘而後，又有一位民眾在明尼亞波利斯的暴力事件中遭槍擊身亡時，川普也立刻推文：「有人搶劫，我們就開槍。」——這句話充滿一九六〇年代的種族歧視意味。㉙當憤怒的示威者包圍白宮，川普開始連續推文，威嚇示威群眾：「你們再靠近白宮，我就會祭出最可怕的惡犬和武器來招待各位。」㉚

*編按：「Antifa」是「反法西斯主義」（anti-fascist）的縮寫，當音譯為「安提法」。由理念接近的團體與個別人士自發參與武裝行動，參與者立場極度左傾，但結構鬆散，並沒有正式組織和領袖。

記者走上街頭報導事情發展，卻有多人在混亂中遭到攻擊或逮捕。川普依然不出面呼籲各方冷靜，反而加強抨擊媒體的力道，推文表示：「假新聞是全民公敵！」[31]並指控媒體「比俄羅斯在內的任何外國勢力散播更多『不實資訊』」。[32]

二〇二〇年六月一日，川普在白宮玫瑰花園發表全國演說，用詞比過去更激化對立。他並未訴諸團結、承認和平示威並譴責所有暴力行為，反而威脅將援引暴亂法案（Insurrection Act），讓他得以越過各州州長，逕行派出國民警衛隊「整肅街道」。[33]部分民主黨籍眾議員譴責川普正邁向極權領導者之路；共和黨人則呼籲川普恢復法律和秩序。[34]面對動盪情勢，川普積極製造對立，並藉此將種族的不平等變成了黨派之爭。

距離總統大選只剩下幾個月，美國卻面臨一波又一波的國家危機。首先是武漢肺炎疫情，其次是隨之而來的經濟危機，現在則因為喬治．佛洛伊德之死引發暴力和抗議事件。在極端對立、容易受錯誤和不實資訊影響的環境中，上述危機都極具威脅性。然而，川普總統並未呼籲全國民眾冷靜；他使用引發不信任和對立的詞彙，繼續污染資訊生態系統。川普的言行十分關鍵。在資訊末日下，惡意、對立的資訊將導致暴力行為擴散。悲傷的是，在美國能夠團結起來之前，還有更多人會因此喪生。

## 二〇二〇與資訊末日

在醞釀的風暴之下，美國人民將在二〇二〇年十一月進行總統大選投票。這次選舉將會是重要的一刻，讓我們盤點自上次選舉後資訊末日的惡化程度。和二〇一六年總統大選相比，我相信腐化的資訊生態系統將在二〇二〇年扮演更關鍵的角色。而我也預測了四種可能的發展。

首先，將有更多外國勢力介入。主要可能仍來自最擅長此道的俄羅斯。克里姆林宮不可能放過利用這次選舉的機會。如同我在第二章提過的，除了故技重施，俄羅斯也在發展新手法來掩飾行動。俄羅斯的地位仍不可撼動，而其他國家——包括伊朗和沙烏地阿拉伯，也逐漸仿效克里姆林宮的手段，但最值得注意的還是中國。由於北京和華盛頓之間的關係逐漸惡化，導致北京對外的不實資訊攻擊變得更加猛烈；這部分將在第六章詳述。在二〇一九年之前，中國主要是對國內使用不實資訊，但現在也開始滲透西方人民的生活了。

第二，美國國內將充斥不實資訊。基於川普奇特的影響力，本章以他為主要的討論對象，但不實資訊可能來自政治光譜上任何泛政治化的團體與個體。早在二〇一七年阿拉巴馬州（共和黨的大本營）參議員補選時，就可見端倪。當時民主黨發起「伯明罕行動」（Operation Birmingham），攻擊共和黨的候選人羅伊・摩爾（Roy Moore）——作風有如俄羅斯的不實資訊戰，透過社群媒體，鼓吹支持共和黨的阿拉巴馬人透過「自填候選人」（write-in）*，把票投給另一位同樣是共和黨籍的競爭者。同時也精心策畫了「假標籤」（false flag）行動，讓民眾懷疑摩爾陣營在推特上受到俄羅斯假帳號（所謂的機器人帳號）的聲援。《華盛頓郵報》後來取得的一份文件顯示，伯明罕行動人員宣稱，他們造就了關鍵差距，讓摩爾以二萬二千票之差落敗。[35]（民主黨陣營的主張雖然已無從查證，但也沒有任何證據顯示獲勝的民主黨候選人道格・瓊斯〔Doug Jones〕

＊編按：美國選舉制度的一環，假如選民對選票上列出的候選人都不滿意，可以把自己支持的對象填在這個空白欄位，選票依舊有效。

知情；事實上，瓊斯事後甚至要求聯邦政府對此進行調查。）

這是未來事態發展方向的一項指標。我也因此推測，在往後的選舉中，我們將看到更多類似的操作。事實上，監控、防範不實資訊的組織「NewsGuard」已釋出一份報告，顯示共和黨和民主黨的幾位主要候選人陣營，都使用「新聞農場」散播特定政治觀點和不實資訊。[36]在黨派對立日漸惡化的政治環境下，來自國內的不實資訊讓美國陷入「比爛」的狀態。在向下沉淪的惡性循環中，這將會逐步加深黨派對立和不信任，讓資訊末日更加惡化。

第三，川普總統將是國內最主要的威脅。川普極度強大的影響力，加上不實資訊的散播規模，可能比任何境外行動對美國造成的傷害更大。以二〇二〇年總統大選來看，川普散播各種不實資訊，甚至企圖在投票前讓選舉結果無效。川普已公開強調，民主黨將在一場「不誠實的選舉」進行舞弊。如同他在二〇二〇年五月二十六日的推文所示：

通訊投票*不可能沒有暗中作弊（機率是零！）他們會破壞郵筒、偽造選票，甚至私印選票或偽造簽名。加州州長正把選票寄給數百萬（中略）當地居民，無論他們是誰、無論他們怎麼會在那裡，都會得到一張票。很多人根本沒想過要投票，有專家會指導這些人怎麼投、投給誰。這是一場不誠實的選舉，我絕不允許！

川普幾乎每天都提到「不誠實的選舉」一詞。這種發展令人憂心，也讓我們對此存疑：假如川普未在二〇二〇年十一月勝選，事態將如何發展？執筆此時的民調結果顯示，拜登的支持度勝過川普（但離投票還有數月之久，民調並無太大的參考價值）。[37]如果川普敗選，他是否願意接受？即使川普接受了，他的支持者願意承認嗎？另一方面，有鑑於川普過去所為，如果他贏了，又將發生什麼？在資訊末日的環境下，已不

＊譯註：通訊投票（mail in ballots）是指選舉人無法親自到現場，而以郵遞方式投票的制度，也就是所謂的不在籍投票。美國加州州長簽署了一項行政法案，同意讓加州人進行通訊投票，此舉也引發川普和共和黨的不滿。

需要多少實際的暴力行為，就能引發選後的動亂（喬治．佛洛伊德事件就是一例）。無論誰獲得最後的勝利，政治光譜對立的一端都可能引火燎原。

這也帶出我的第四個預測。無論選舉結果為何，資訊末日都會繼續發展，那才是終極的挑戰。在這一章，我透過資訊末日最危險的推手——川普，來告訴各位資訊末日的故事；但資訊末日比川普的問題更大。即使川普明天就卸任，資訊末日也不會就此落幕；而倘若川普連任，他將毫無疑問地延續這個狀態。所有跡象都顯示，資訊末日——也就是我們所生存的資訊系統——正在演變成前所未有的威脅。不幸的是，美國政治的現況讓我們難以看清，兩黨必須同心協力，才能避免資訊末日帶來的最壞影響。這是真正的悲劇。如果社會無法集體對抗這個腐化、危險的資訊生態系統，我們都將是輸的一方。

# 4

## 全球資訊失序：亞洲、非洲和拉丁美洲

DEEP FAKES

## 形成全球威脅

資訊末日不只肆虐西方世界，也影響了「非西方國家」——我用這個名詞泛指拉丁美洲、亞洲和非洲。任何政治制度或國家都無法免疫。早在西方國家察覺二〇一六年美國總統大選的問題之前，錯誤和不實資訊已開始造成混亂，甚至在菲律賓、緬甸和印度引發種族暴力事件。在西方世界之外，某些國家在面臨資訊末日危機時顯得更為脆弱。在極權、流氓國家及不穩定的政權統治下，惡意的行動者就能利用資訊末日的混亂，並全身而退。西方民主國家至少還有法治、自由媒體及民主等早已確立的制度作為防線（即使逐漸變得脆弱）。然而，逐漸腐化的資訊生態系統，在缺乏防衛機制——或相當匱乏的國家，可能造成更無法挽回的後果。這對於這些多數居住在非洲和亞洲的公民，可能特別有害；他們將在缺乏有效防護的情況下，進入這個逐漸腐敗的系統。

在西方世界之外，資訊末日廣泛用於恐嚇及威脅國內反對勢力、鎮壓反對意見或引發暴力衝突（種族／性別或兩者皆有）。以緬甸為例，軍政府在二〇一〇年放寬嚴格的言論審查時，這個位於東南亞的國家幾乎在一夜之間從資訊受限轉為資訊氾濫。該國人民有了智慧型手機後，數百萬人加入了臉書。對許多人而言，臉書的存在就等同網路。到了二〇一九年，緬甸的五千三百萬人口中，據統計就有二千萬人加入了這個平台。[1]獲得自由的同時，新的危險也隨之而來。人民毫無防備地掉進資訊末日下瘋狂的西方世界，臉書於是成為不實資訊的溫床。在緬甸，不實資訊被用於最黑暗的一面，也就是激化（多數）佛教徒與（少數）穆斯林人口間固有的衝突。這般種族仇恨——由佛教極端主義者、軍方高層及民兵在網路上搧風點火——很快就蔓延至現實生活。

二〇一四年，一名極端民族主義者——佛教僧侶威拉杜（Wirathu），在臉書上貼出一則消息，指控一名在曼德勒（Mandalay）經營茶行的穆斯林性侵了佛教徒員工。憤怒的暴民很快就帶著柴刀和棍棒襲擊了曼德勒一帶，縱火燒車並洗劫商店。暴動迅速被鎮壓，但這起事件只是作為預告的第一聲槍響。[2]種族不實資訊持續在臉書蔓延，使雙方的仇恨在二〇一五年爆發，終於演變成恐怖攻擊，對象就是居住在緬甸若開邦（Rakhine State）的羅興亞人（Rohingya）。他們首先被迫流亡，緬甸軍隊又接著對羅興亞人執行大規模的種族清洗。人權觀察組織（Human Rights Watch）將這種暴行稱為「泯滅人性的犯罪」。[3]直到臉書終於決定禁止極端分子針對穆斯林少數族群，在平台上以錯誤和不實資訊教唆施暴，卻已有二萬五千名羅興亞人遇害、七十萬人逃離緬甸。聯合國嚴厲譴責臉書，認為臉書已然「變成一個怪物」，而臉書的消極管理——任由攻擊羅興亞人的不實資訊和仇恨言論擴散——「必須承擔種族屠殺罪名」。[4]

緬甸的例子提醒了我們，資訊時代的自由不盡然是一件好事。假如人民暴露在危險的資訊生態系統中，這種自由就可能致命。

印度則是另一個例子，足以說明資訊生態系統的危險程度。以臉書旗下的通訊軟體WhatsApp為例，其封閉、加密的性質，代表WhatsApp已成為散播不實資訊的主要管道之一。WhatsApp的封閉性讓我們難以辨識和追查資訊來源，影響力卻很大。WhatsApp在全球擁有二十億用戶，主要用於和朋友、家人聯絡，因此人們更容易相信自己透過該應用程式收到的訊息。印度約有四億人口使用WhatsApp，早已成為錯誤和不實資訊的溫床。這是數百萬印度人第一次接觸資訊末日，因此他們幾乎毫無準備，其危險性也迅速浮上檯面。目前已經發生了數十起駭人聽聞的謀殺案——大多在鄉村地區；在大家的智慧型手機上，不實資訊就像野火般延燒。以二〇一八年七月的一起事件為例：五名友人前往印度南部的鄉村探親，途中在一間學校附近停留休息。當時，放學的孩子們紛紛湧向校門準備回家；這群男子原本替親人準備了禮物，其中也有巧克力，於是將一部分給了孩子們。這原本應該是一趟鄉村之旅，最後卻演變成一場惡夢。數月以來，透過WhatsApp推波助瀾，印度當時正因孩童遭綁架的傳聞陷入高度緊張。其中一則瘋傳影片拍下了孩童在街上玩耍時，有兩名男子騎著摩托車靠近的畫面，其中一人彎下身來抓起一個孩子，就此揚長而去。

這是一段粗劣造假影片——用巴基斯坦的兒童安全宣導片來移花接木——卻引發大眾恐慌，認為印度現在到處都是綁架小孩的惡徒。在二〇一八年七月的事件中，憤怒的村民誤以為五個無辜的男性旅客是壞人，他們逼近這些旅客駕駛的汽車，刺破輪胎、毆打他們，並指控他們打算綁架孩子。這幾名旅客害怕會被殺掉，其中三人駕車逃走，兩人則跑進了田裡。同時，男子駕車逃離的影片已被拍下並在WhatsApp傳開，指控他們是兒童綁架犯。幾分鐘內影片立刻瘋傳，連鄰近的村子也傳得沸沸揚揚。三名男子駕駛的汽車抵達下一個村子時，村民將道路封鎖，一名暴徒跳上車把三人狠狠打了一頓。警方抵達時場面已經失控，其中一位三十二歲的軟體工程師慘遭毆打致死，另外兩名男子則已奄奄一息。⑤

## 深度造假與人權

山姆．葛雷格里（Sam Gregory）是人權組織「見證」（WITNESS）的企畫總監，這個組織在世界各地協助民眾以影像科技為證來提倡人權。當然，這項使命的前提在於，影像被視為不會遭到竄改的證據；但深度造假改變了一切。因此，葛雷格里花了許多時間，思考深度造假如何衝擊本就脆弱的社群、以及西方世界以外的民眾。

二〇一九年，人權組織「見證」邀請記者、社運人士及非政府組織等相關人士，在巴西、南非、馬來西亞等地舉行一系列工作坊，一同聆聽在這些國家努力對抗「假消息戰」的人（如同葛雷格里形容的），對深度造假威脅的第一手觀察。⑥這些人的想法非常一致：與其擔心境外勢力（西方世界關切的重點），政府及國內其他勢力才是他們最憂心的。「見證」的報告指出：

> 規模較小、政治地緣關係較為不重要的國家，對其人民而言，來自他國的攻擊並不在警戒範圍內——更準確地說，在其他威脅面前則顯得較不急迫。這些國家的政府訓練情報單位處理國內反對聲浪，而非用於對抗境外攻擊。異議人士也認為，相對於外國勢力，他們更害怕自己的政府。[7]

這些地方的人民是否能以影音為證，我們幾乎沒有共識。在專制政府或極權國家的統治下，確實有可能干預人民使用的媒體，藉此確保執政者的話語權。

深度造假目前最常見的產物——未經當事人同意的色情影片，已被用來作為恐嚇、讓女性噤聲的手段。拉娜．阿尤布（Rana Ayyub）是調查記者和作家，也是一位在印度工作的穆斯林女性。她的許多著作都以充斥南亞地區的醜陋教派暴力為主軸，起因正是此地穆斯林和印度教徒之間的衝突。例如，她曾寫過一本書，描述政府和警方如何在二〇〇二年的「古吉拉特邦（Gujarat）暴動」[8]中狼狽為奸，造成七百九十位穆斯林和二百五十三位印度教徒遭暴徒集體屠殺。這樁慘案已烙印在印度民眾的集體記憶之中。作家潘卡吉．米什拉（Pankaj Mishra）事後寫下：「印度的眾多（中略）電視頻道都播放了那場大屠殺。許多中產階級民眾眼見年幼的孩子也無法倖免於難，都十分震驚——屠殺穆斯林的兇手甚至用石頭砸孩子的頭。」⑨

古吉拉特邦當時的首長是納倫德拉．莫迪（Narendra Modi），後來也遭到控告，因為他曾要求公務人員和警方袖手旁觀。莫迪現在已是印度總理，也是目前執政的印度教民族主義政黨——印度人民黨（Bharatiya Janata Party，簡稱BJP）黨魁。他始終否認自己涉入，並譴責暴力（印度最高法院指派的特殊調查小組後來證實，莫迪並未涉及該起暴力事件）。

拉娜的觀點則有所不同。她多次公開強烈批判印度人民黨，在最危險的地方挖掘祕辛。而這顯然讓她成為網路恐嚇的目標。拉娜接受《赫芬頓郵報》（*Huffington Post*）採訪時表示：「我一直試著不去理會，告訴自己那些威脅只存在網路上，不會入侵現實生活。」⑩

二〇一八年四月，情況急轉直下。一名年僅八歲的穆斯林女孩遭到性侵，引發了印度民眾的怒火。執政的印度人民黨有成員針對這起令人髮指的性侵案發起遊行，聲援被控犯案的男性印度教徒。拉娜因此接受英國廣播公司（BBC）及半島電視台（Al Jazeera）採訪，如她所說——她在節目上談的是「印度因包庇兒童性侵犯而自取其辱」。隔天，拉娜發現自己成了不實資訊的攻擊目標。

一開始是大量看似出自拉娜的推文在社群媒體流傳。從截圖看來，就像出自拉娜本人的推特帳號，這些假推文挑撥印度與巴基斯坦之間的印度教／伊斯蘭教對立，內容寫著：「我恨印度」、「我恨印度人」以及「我愛巴基斯坦」。拉娜只好立即澄清這些推文都是假的，但網路攻擊早已如火如荼。隔天，拉娜收到來自印度人民黨內部的警告，透露WhatsApp上流傳著一部她的影片。放出消息的人將影片傳給拉娜，她點開後立刻開始嘔吐——那是一部造假色情片，而主角正是她自己。拉娜後來回憶：「我不曉得該怎麼辦。在印度這種國家，我知道這件事非同小可。但我不曉得該怎麼應對，只能哭泣。」[11]她的電話瘋狂響起。叮、叮、叮——推特、臉書和Instagram跳出幾百則通知，淹沒了她的螢幕。她收到令人毛骨悚然的私人訊息，對她的「身體」品頭論足；而在她的社群媒體帳號底下，也湧入貼出影片截圖的留言。之後，印度人民黨的粉絲頁也分享了那部影片，立刻造成瘋傳。

隔天，拉娜遭到「人肉搜索」，意味著她的個人資訊（在此事件中是她的手機號碼）在網路上被惡意公開，並且和造假色情片的截圖一起貼出。沒多久，她的WhatsApp就被訊息塞爆，詢問性交易價格、威脅要性侵或殺死她。結果，拉娜有好幾天都無法走出家門；她被迫停止寫作。她說：「這對我造成了陰影。從影片公開那天起，我已經不是原本的我了。我以前非常堅持己見，但我現在對自己發表在網路上的內容更加謹慎。我沒得選擇，變得經常自我審查。」[12]

如果公開影片就是為了讓拉娜保持沉默，目的確實達到了。眾多深度造假影片中，在政治上被用來讓反對者噤聲的，這只是第一部。

印度第一部用於選戰的深度造假影片，出現在二〇二〇年二月，幕後推手同樣也是印度人民黨。Vice新聞向全世界披露了這個消息，指出在德里國會大選前一天，有兩部影片在WhatsApp瘋傳：內容是印度人民黨主席馬諾伊・底瓦里（Manoj Tiwari）批評由左翼民粹政黨印度平民黨（Aam Aadmi Party，簡稱AAP）黨魁阿爾文德・克里瓦爾（Arvind Kejriwal）率領的德里政府。底瓦里在其中一部影片以英語發言，另一部影片用的則是哈里亞納（Haryanvi）方言：「（克里瓦爾）背棄了他當初的承諾，但德里現在有機會改變一切！」這位印度人民黨的政治人物呼籲選民在投票箱前做出正確的選擇。這兩部影片在德里一帶的五千七百個WhatsApp群組中流傳，觸及大約一千五百萬人。影片是深度造假的產物——在瘋傳的同時，卻沒有任何跡象顯示這是合成媒體。

與印度人民黨共同製作上述影片的印度政治公關公司「The Ideaz Factory」認為，使用深度造假進行「正向宣傳」是一種創新，這麼做能夠幫助政治人物觸及更多元化的選民。我在推特貼出Vice新聞網站的連結，批評影片並未清楚標明是深度造假的產物，立刻收到了政治傳播公司The Ideaz Factory 員工薩格．比須諾伊（Sagar Vishnoi）的私訊，「嗨妮娜，您好，」訊息開頭寫著：「我們使用深度造假影片是有正面意義的，不是為了散播錯誤資訊或假新聞，只是用不同語言傳達領導者的想法。深度造假有被濫用的可能，對於這點我們自有分寸。」

由於在南亞地區長大，我很清楚這個地區的教派與種族暴力橫行，以及印度次大陸地區的媒體識別能力有多低落。因此我對深度造假的看法是全然悲觀的——那是一種試圖混淆數百萬選民的行為，在選舉前用不實內容掩蓋了真實資訊。上述兩部影片的內容確實相對無害。但我們既可以主張政治人物在影片動手腳，是為了兼顧印度次大陸的不同語言，就能藉機操控影響深遠、且往往十分致命的種族及教派衝突。無論影片背後的動機為何，這是深度造假第一次在有組織的競選活動中模糊了真實與虛構的界線。這也不會是最後一次。

## 騙徒紅利：加彭的深度造假政變

我們或許還處於深度造假的起點，然而，即使深度造假尚未成為大規模傳遞不實資訊的武器，光是深度造假技術的存在，就足以撼動公共討論，傷害政治對手、真相以及信任。深度造假現已造成的最大威脅之一，即是「一體兩面」。人人都能合理提出反駁——也就是我在第三章介紹過的「騙徒紅利」；或讓真相變成謊言。

二〇一八至二〇一九年間，有部「深度造假」影片成為中非一場失敗軍事政變的核心。當時，加彭總統阿里・邦戈（Ali Bongo）已連續數月未公開露面了。這個盛產石油的國家由邦戈家族統治了逾五十年之久；作為王朝的繼任者，阿里．邦戈在二〇〇九年從父親手中接下了這個位置。相較於鄰近國家，加彭近年局勢相對穩定，雖然邦戈在二〇一六年的連任之路曾因詐欺和暴力示威而蒙上陰影。他確實樹敵不少。

時間快轉至二〇一八年十月，邦戈為參與投資高峰會出訪沙烏地阿拉伯。邦戈在沙國時，該國情治單位表示他必須住院治療；家鄉加彭則幾乎無法得知邦戈的病情。執政當局起初對此絕口不提，之後才提出健康報告，但說詞反覆；一開始表示邦戈是「過勞」，十一月則改口說是「內出血」。雖然公開了邦戈的影像，但影片沒有任何聲音。一時傳言四起，紛紛猜測邦戈的下落及健康狀態，甚至有人認為邦戈已死、或由替身頂替。由於政府保持沉默，邦戈的政敵也隨之起舞。最後，在十二月初，副總統終於表示邦戈中風了，情況「很不樂觀」。[13]

謠言甚囂塵上，政府照例發表了邦戈的新年談話影片，想藉此安撫民眾情緒。自從傳出健康狀況不佳後，為了證明邦戈活著、而且安然無恙，這是邦戈首次發表公開聲明，但影片看來並非如此：邦戈在影片中的模樣相當怪異。YouTube現在還能看到這部影片[14]，他的臉幾乎動也不動，臉部皮膚光滑得不自然、額頭及兩眼之間的皺紋也消失了。他的兩眼距離看來異常地寬，右眼也比左眼大。如同腦神經專家亞歷山大．W．卓莫瑞克（Alexander W. Dromerick）後來接受《華盛頓郵報》採訪時表示，邦戈在影片中的樣子和中風或腦部受損的病人相符。卓莫瑞克也推測，邦戈可能接受了醫學美容手術，例如肉毒桿菌，試圖減輕中風造成的影響。[15]倘若真是如此，連帶也解釋了邦戈眼距變寬、外貌詭異的原因。

這段影片並未讓謠言平息，反而增加了謠言的熱度。邦戈的批評者持續散播陰謀論；民眾開始相信影片中的邦戈只是個演員，或者，那其實是一段深度造假影像。加彭的政治人物布魯諾．班．穆班巴（Bruno Ben Moubamba）曾在過去兩次選舉與邦戈交手，他也是讓這個造假傳聞廣為人知的推手。穆班巴表示，他認為邦戈在影片中，臉部和眼睛似乎「不能動」，「就像掛在他的下巴上」。他也明確指出，邦戈的眼球與「下巴的動作完全無法契合。」[16]二〇一九年一月，《加彭評論》（*Gabon Review*）網站刊出一篇關於深度造假論的文章，資訊末日引發的混亂終於入侵了現實生活。[17]

二〇一九年一月七日凌晨三點，加彭國家廣播電台有槍聲響起。一開始，附近居民還以為是年輕人在放煙火。事態迅速明朗——那是一場政變的開端，而且是全國同步放送。網路上也能找到相關影片：有個指揮官坐在廣播站的椅子上，頭戴軍帽、一身軍裝，身旁是兩名站得直挺挺的隨扈，手上還拿著機關槍。他開始對全國人民發表演說：「加彭人民、親愛的同胞，我是凱利・昂多・歐比安（Kelly Ondo Obiang）中尉，加彭國防部隊愛國運動指揮官。」他接著表示：

又一次，那些人為了握緊權力，讓阿里・邦戈・翁丁邦這個失能的病人待在位子上。今年新年演說的慘狀，讓我們的國家在全球矚目下蒙羞，我們的國家已經喪失了尊嚴。

軍方宣稱邦戈總統已經失能，認為總統的新年演說影片被竄改了。雖然政變在二十四小時內就宣告失敗，卻也顯現出資訊末日的環境可能在短時間內失控，造成毀滅性的結果。在這個例子裡，邦戈總統病危的謠言是被政敵利用；然而，同樣的手法也可能被政府用於恐嚇、鎮壓政治反對勢力或一般民眾。

阿里・邦戈隨後拄著拐杖出現在公開場合。由於政府並未公開證實邦戈是否中風，這似乎就是最合理的答案了。包括阿姆斯特丹的深度造假檢測公司「DeepTrace」

在內，許多鑑識專家都認為，邦戈的新年談話影片只是在處理病容時過度使用特效，而非深度造假。但這起事件彰顯出我們的資訊生態系統何其脆弱，不只難以對抗深度造假、也能輕易被侵蝕，原因正是我們知道深度造假的存在，無法明確區分「真實」和「現實」。

## 偽造性醜聞？

接下來的例子來自馬來西亞。在政治領域，另一個展現深度造假能夠以假亂真、讓我們對真實存疑的例子，就是一部在二〇一九年夏天瘋傳的深度造假影片。影片中，馬來西亞經濟部長穆罕默德·阿茲敏·阿里（Mohamed Azmin Ali）與另一部會首長的男性機要祕書哈齊克·阿布多·阿齊茲（Haziq Abdul Aziz）發生了性行為。

影片瘋傳數日後，哈齊克在臉書上發表聲明，承認影片中的兩人就是他和阿茲敏。他宣稱兩人已有超過三年的性關係，指控阿茲敏在沒有知會他並獲得同意的情況下，擅自拍攝影片。他如此描述阿茲敏：

我知道你有多惡劣，因為每次你邀請我到你的飯店房間，只有你拍下了這些影片私藏。我擔心還有更多影片外流。身為政府首長，你有權否認，但我的未來已經完了。在正式調查結束前，總理甚至表示對你完全支持。⑲

同性發生性行為在馬來西亞是違法的。殖民時代留下的刑法禁止雞姦，可處罰款、鞭刑及最高二十年的有期徒刑。自一九九〇年代起，性醜聞導致政治人物下台，已是馬來西亞政治生態的一部分。過去曾有政治人物因雞姦罪名鋃鐺入獄，所以經濟部長的同性性愛影片可是重大醜聞。醜聞爆發後，哈齊克遭到逮捕，但阿里和其聲援者（包括馬來西亞總理）則主張性愛錄影帶是深度造假的產物，目的是摧毀阿里的政治生涯。「影片內容『純屬造假』。」馬來西亞總理表示：「有人想藉此達成特定政治目的。」

馬來西亞國內掀起影片是否屬實的討論，徹查影片中所有令人難以直視的細節，尋找能證實真偽的線索。馬來西亞媒體提出一份報告，標題為〈是阿茲敏本人，還是深度造假？〉並推測影片可能是深度造假，因為「相較於享受性愛，影片背景可以聽到ＢＢＣ的報導，片中的阿茲敏顯然對精銳部隊如何保護幾內亞法語區內珍貴的經濟系統不受非法掏金傷害更感興趣。」報導也指出，片中「兩位主角毫無貪欲或狂放的行為。」[20]然而，深度造假鑑識專家無法找出任何影片遭竄改的證據——遑論證明影片為深度造假。

阿茲敏目前在馬來西亞仍身居要職——留任內閣並擔任高級經濟部長及國貿暨產業部長。倘若影片為真，阿茲敏就享受了「騙徒紅利」。資訊末日下的惡意行動者藉由混淆真實獲得了最大利益；他們使用這種權力攻擊任何人，卻否認一切。這不但是對信任的傷害，也讓掌權者找到規避責任的方法。

在西方民主世界，資訊末日不斷演進，但仍有防禦方法。正如第七章會討論的內容，我們也開始反擊了。在非西方世界，印度、緬甸、加彭、馬來西亞等國被認為防禦能力較弱，惡意、不可靠的資訊可能導致更為嚴重、劇烈的後果。社會無法承受的那個臨界點或許愈來愈近了。然而，受到影響的終將是所有人：無論是不是民主國家，資訊末日的影響都沒有界線。

# 5

## 失控的深度造假

DEEP

FAKES

資訊末日讓騙徒和罪犯更為橫行。在日漸增加、持續演進的威脅下，個人和企業都變得更脆弱。雖然這類攻擊出現的時間已不可考，卻在資訊末日推波助瀾下變得更容易進行，也更危險、普遍。深度造假將是惡徒的下一個武器。

他們的計畫十分大膽，令人匪夷所思。二〇一六年，一群騙徒偽裝成法國國防部長尚─伊夫·勒·德里安（Jean-Yves Le Drian），成功騙取了五千萬歐元。他們借助影音通訊功能，透過電話和視訊通話和富人取得聯絡，要求資助法國政府的「機密」任務。計畫相當魯莽，所用的工具也相對不具科技性。其中一名騙徒戴上矽膠製作的勒·德里安面具，坐在一張看似政府機關的辦公桌後方，背景懸掛著法國國旗。接著，騙徒開口要求數百萬歐元獻金。在Google圖片搜尋輸入「勒·德里安詐騙案」（Le Drian Plot），就會看見這些詐騙目標曾在視訊通話中看見的影像，效果甚至無法和前幾章提到的深度造假案例相提並論。配戴勒·德里安矽膠面具的男子看起來就像惡夢裡會出現的人物，面無血色、眼睛只剩下詭異的黑色空洞。然而，仍有三位在現實生活非常成功、給人精明印象的商界代表上鉤了；其中包括伊斯瑪儀派*穆斯林（Ismaili Muslims）的精神領袖阿迦汗四世（The Aga Khan IV），他將兩千萬歐元分五次匯入設於波蘭和中國的帳戶；此外，土耳其商業鉅子伊南・克拉齊（İnan Kıraç），則以電匯轉出四千七百多萬歐元，以為這筆款項會用於替敘利亞遭綁架的兩位記者支付贖金。

看來荒謬不已的詐騙計畫卻獲得成功，證明了影音通訊的效果。如同第一章所述，我們只是還沒意識到聲音和影像是能夠被竄改的媒體。我們屢次掉進冒名詐欺的陷阱（即使是那些最富裕、擁有最多資源及最受保護的人也一樣。）二〇二〇年，英國哈利王子接到兩名俄羅斯騙徒的惡作劇電話，對方假冒了瑞典環保少女葛莉塔・通貝里（Greta Thunberg）及她的父親。哈利王子犯下外交大忌，在電話中透露他認為美國總統川普「手上沾滿鮮血」，甚至還被套話，開始討論起當時全球最熱門的新聞話題之一——「脫離王室」（Megxit），亦即他和妻子梅根卸下英國王室成員身分的決定。①

假如，戴著橡膠面具的詐騙集團能透過鏡頭，說服全球最富有的人交出數百萬歐元；

＊編按：伊斯蘭教什葉派中最具影響力的分支之一，目前信徒超過一千五百萬人。

一通俄羅斯的冒名惡作劇電話，也能讓哈利王子開口談論非常私人的事；就足以推論，我們還沒準備好應付深度造假。如同第一章的討論，深度造假的範圍已超越單純的媒體操控；由於深度造假可從訓練用的數據無中生有，罪犯和騙徒就能有效竊取、利用我們的生理資料：他們能用我們的影像和聲音，讓我們說出沒說過的話、做出沒做過的事。

聲音詐騙是全世界騙徒都在使用的強大手段，AI則是共犯。目前AI已相當擅於生成深度造假人聲語音。請參考YouTube網站的「語音合成」（Vocal Synthesis，簡稱VS）頻道。該頻道由一位匿名YouTuber在二〇一九年八月成立後，迅速累積了近七百萬瀏覽次數。頻道內容全是名人及政治人物的合成語音，使用Google開發的開源AI軟體Tacotron 2製作。[2] 語音合成頻道的目的顯然是娛樂大眾而非造成傷害，但頻道內容盜用了他人的聲音——包括讓已死的人「復活」——隨即也產生了道德和法律上的疑慮。

「語音合成」頻道最受歡迎的影片，讓美國總統約翰・甘迺迪的聲音得以在人世重現。影片標題是〈甘迺迪講海豹部隊哏〉，我看到時只覺得莫名其妙——「哏」？

我點下播放。聽見甘迺迪獨特的聲音，我嚇了一跳。影片中的聲音說：「幹，你他媽的剛剛說我怎樣，你這小賤貨。」「給我聽好，我在海豹部隊畢業的成績數一數二。我出過超多次突襲蓋達組織的機密任務，戰績三百人以上。」怎麼回事？聽起來的確有點僵硬、不自然，但那絕對是甘迺迪本人的聲音，有著甘迺迪獨特的腔調和抑揚頓挫，就像原音重現。

「海豹部隊哏」是知名的網路迷因，取笑在網路上假裝自己是「硬漢」的人。出處是二〇一二年的一篇瘋傳文章——原作者當時的確想假裝自己是個「硬漢」。為了回應其他網友的評論，他寫下一系列荒謬的聲明，毫不掩飾地向對方示威：包括他是戰鬥經驗豐富的前海豹部隊成員，以及自稱「殺了三百人」。文章內容充滿滑稽的錯字和誇飾，例如「油雞戰（游擊戰）」和「我兩手空空也能用超過七百種方法殺了你。」[3]現在，在人工智慧的幫助下，甘迺迪的聲音重現了這段經典的霸氣網路發言，腔調模仿得維妙維肖。甘迺迪說：「我是油雞戰訓練出來的，我是全美軍隊最強悍的狙擊手。」接著又以好認的麻州腔調說道：「你什麼都不是，只是我另一個靶子。」*這段原音重現影片，長度整整有一分四十四秒。[4]

很快地，ＡＩ就能將這段語音置入影片。屆時，我們不只能聽見甘迺迪說話，也能看見他的嘴型配合說話內容；他能眨眼，頭部能動，也有肢體語言。史達林手下的照片編修人員能讓失寵的蘇聯政治人物「人間蒸發」，合成媒體則可以徹底改寫歷史。「語音合成」頻道其他頗受歡迎的影片，還包括了美國總統小布希。他用拖著長音的德州腔，講出饒舌歌手五角（50 Cent）在知名歌曲《嘻哈大舞廳》（*In da Club*）裡性意味濃厚的歌詞，包括那句「我要去打炮，不是去做愛」。除了甘迺迪，「語音合成」頻道也讓其他早已不在人世的美國總統復活，例如小羅斯福（Franklin D. Roosevel）和雷根（Ronald Reagan）。[5]

二〇二〇年四月，饒舌巨星傑斯（Jay-Z）控告「語音合成」頻道侵權。該頻道製作了另一部以傑斯為主角的ＡＩ影片，片中「傑斯」以rap唱出莎士比亞《哈姆雷特》（*Hamlet*）的獨白「生存還是毀滅」（To be or not to be）以及《聖經》創世紀的內容。傑

＊譯註：和原文「just another target」不同，甘迺迪的腔調聽起來是「just anothah tahgeht」。

斯要求頻道下架影片，因為影片未經同意就擅自使用他的聲音。「語音合成」在自家頻道上傳影片回應，用的還是川普和歐巴馬的聲音，表示他們「對傑斯非常失望」，因為他「用這種方式霸凌一個微不足道的YouTuber」。[6]傑斯與「語音合成」頻道的糾紛是個前兆，顯現在資訊末日下，一旦合成媒體變得普及，隱私、安全及同意權也會更常受到挑戰。

另外一個較早發生的例子和喬丹·彼得森博士（Dr. Jordan Peterson）有關。這位知名意見領袖控告NotJordanPeterson.com網站，因為該網站讓用戶以喬丹·彼得森博士的聲音生成深度造假語音。他尤其憂心自己的黑粉會使用深度造假技術惡搞並醜化他的形象。舉例來說，有位記者利用這個網站，讓彼得森朗讀了《人渣宣言》（*SCUM Manifesto*）。[7]《人渣宣言》寫於一九六七年，作者是基進女性主義者瓦萊麗·索拉納斯（Valeria Solanas），內容極為暴力且令人不安。索拉納斯在《人渣宣言》中主張，男人只是「生物學的意外」，女性必須「立刻」在「沒有男性協助下」繁衍下一代，而「每個男人的內心深處都明白自己只是毫無價值的垃圾。」[8]基於索拉納斯提倡的暴力意識形態，彼得森反對自己的聲音被這樣挪用。寫完《人渣宣言》一年後，索拉納斯開槍射傷了藝術家安迪・沃荷（Andy Warhol）。雖然沃荷大難不死，往後的人生卻都必須穿著壓力衣。⑨彼得森描述了他在二〇一九年八月發現這些深度造假語音時煩悶的心情：

> 我已經身陷其中（許多人可能很快也跟我一樣必須面對），任何人都能製作和我本人沒兩樣的聲音或影像，讓我說出任何他們想讓我說的話。我還能怎麼辦？真正的問題在於：在不久的將來，我們又該如何相信電子媒體傳達的一切訊息（以下一次美國總統大選期間為例）？（中略）各位必須認清現實，你們的聲音、你們的肖像權都面臨很高的風險。對於將我們彼此串聯，讓我們保持安定的共識，還有什麼比這更嚴峻的挑戰？我們必須盡快訴諸合法的管道，阻止深度造假的製造者。⑩

彼得森是對的。我們必須認清現實。深度造假詐騙勢將是未來的趨勢。二〇一九年三月，《華爾街日報》（*The Wall Street Journal*）的報導指出，一間英國能源公司因深度造假語音詐騙損失了二十五萬歐元。這間公司不願曝光，但其保險公司向《華爾街日報》透露這起事件，宣稱犯人使用ＡＩ模仿公司德籍執行長的聲音。[11]對方以這個聲音致電該公司的資深員工，要求他立刻將二十五萬歐元匯入據稱是能源供應商的帳戶（聲音檔案並未由外部專家驗證，因此我們無法斷言是否為深度造假）。該名員工認為這個要求不太尋常，但仍遵從指示，因為他認為自己是在和主管通話。直到對方再次要求匯款二十五萬元，他才驚覺有異。等到銀行及有關當局介入調查時，款項已不知去向，線索也就跟著斷了。

假如這些人**真的**用ＡＩ複製了執行長的聲音，技術上的確可行。他們應該是蒐集了執行長的個人數據，並用來訓練ＡＩ演算法。以這個案例來說，數據就是德籍執行長的聲音。由於他地位顯赫，聲音可能早已公開、也容易取得。也許公司官網或YouTube、領英（LinkedIn）網站上就有他演講的影片。他可能出現在社群媒體上的一段錄音或影像，例如新聞頻道的採訪；亦可能以個人身分出現在社群網站。即使執行長本人不曾發表任何內容，其他人也能發表與他有關的內容。

一旦得以竊取他人聲音和外貌，老哏的冒名詐欺技術就能捲土重來。德籍執行長事件在二〇一九年三月登上頭條後，資訊安全公司賽門鐵克（Symantec）隨即公布，四個月內就有三間公司因相同的手法遭到詐騙；騙徒都使用ＡＩ複製人聲，致電資深財務主管要求緊急匯款。賽門鐵克並未透露企業名稱，但證實這些公司損失了數百萬美元。詐騙案造成的實際損失難以量化，但據統計已達數兆美元。克羅伊．懷特希爾會計事務所（Crowe Whitehill）及樸茨茅斯大學反詐騙研究中心的年度報告指出，二〇一九年全球因詐騙導致的金融損失為五兆一千二百七十億美元，相較過去十年提升了五十六個百分點。[12]損失增加與資訊末日出現的時間點相符。隨著深度造假更為普及，這種趨勢很有可能持續下去。我採訪了馬修．費雷諾（Matthew F. Ferrano），他過去曾任職情報單位，現在則在國際法律事務所威爾莫海爾（Wilmerhale）擔任顧問——

威爾莫海爾也對深度造假和不實資訊導致的全面性商業危機提出警告。目前的一般風險抵減措施雖然足以對付「不實資訊」，馬修告訴我，企業遲早必須投入資金研發專門的工具及策略，主動對抗這種特殊風險。消費者信用報告公司益博睿（Experian）也同意這個觀點。在我撰文當下，該公司也預測，二〇二〇這一年，深度造假將成為大型企業更常見的亂源；即使未在二〇二〇年大舉進攻，也只是時間的問題。犯罪者必定會使用深度造假，因為這項技術能用於進行鉅額詐騙。

需要擔憂的不只是企業，一般民眾也將遭受攻擊。ＡＩ合成媒體的發展非常迅速，生成深度造假所需的數據已愈來愈少，影像和語音皆是如此。二〇一七年成立的「Lyrebird」公司宣稱，訓練資料（training data）的長度只需幾分鐘，就能生成仿真的深度造假語音。[13]未來，他們可能只需要數秒（Lyrebird已被Descript公司收購；Descript正在發展一種新技術，讓使用者能像編輯文字一樣，修改聲音檔案）。這代表不僅是首當其衝、受大眾關注的知名人物（ＡＩ的訓練數據相對容易取得），任何人都是潛在的目標。只要你是社群媒體的活躍使用者，你所發布的內容就會任人取用。即使不用社群媒體，你也可能出現在朋友或家人發布的內容。你可能在職場上被拍下影片或照片；行動電話可能遭到入侵，私人照片和影片被竊取用於製作深度造假內容。

這並非危言聳聽。假如你曾在任何時間、以任何形式留下影音紀錄，例如照片、影片或錄音，理論上，你就可能成為深度造假詐騙的受害者。深度造假的詐騙方式無以計數，從入侵我們的網路銀行帳戶，到偽裝成我們的家人或貧困的朋友。年長或弱勢族群往往成為個別詐欺犯的目標，因為他們更容易受騙。然而，隨著深度造假出現，即使是最有判斷力和經驗的人都可能上當。

## 摧毀事業和人生

在新的資訊生態系統中，所有組織與個人都更容易遭到詐騙；現在，我們也都成為錯誤和不實資訊的潛在目標，足以讓我們的名譽、事業和人生被破壞。針對性的不實及錯誤資訊可能對名譽有損，這是我們已知的風險；但在資訊末日下，其威脅程度明顯增強許多。資訊末日造成商業損失慘重。二〇一九年，以色列網路安全公司CHEQ與美國巴爾的摩大學共同發表一篇報告，指出該年度網路不實資訊對商業造成的損失高達七百八十億美元。[14]

二〇一九年時，就有人使用深度造假，試圖打進知名投資人的圈子。電動車公司特斯拉（Tesla）是全球最知名的品牌之一，部分原因出於創辦人伊隆・馬斯克（Elon Musk）毀譽參半的知名度。特斯拉就像馬麥醬（Marmite）*——「讓人又愛又恨」。投資人對於這間公司的前景看法兩極。樂觀投資人認為特斯拉的價值被低估，這間公司將改變運輸工具的未來；另一方面，悲觀投資人則主張，特斯拉的價值受到高估，未來必將下跌。這場市場拉鋸戰的賭注極高，已有鉅額資金投入其中。

截至目前為止，樂觀投資人依然占了上風。二〇一九年底起，特斯拉的股價持續飆高，到二〇二〇年一月底時，標準普爾５００指數（S&P 500，美國前五百大上市公司指數）漲幅為百分之三，特斯拉公司的漲幅則是百分之三十。同一個月，特斯拉的

*編按：馬麥醬是英國傳統抹醬，屬於啤酒釀造的副產品，由於經過發酵，氣味相當獨特、強烈。

市值已達一千億美元。[15]進入二〇二〇年後，做空投資人*的虧損已上看數十億美元，一月做空損失金額約為九十億美元。[16]正如《金融時報》（*Financial Times*）報導，二〇二〇年一月特斯拉施加於做空投資人的損失「為標準普爾500指數企業中最高（中略）超過蘋果公司的做空損失——十三億美元的四倍。」[17]

隨著特斯拉和做空投資人的戰爭逐漸白熱化，馬斯克也公然對投資人表現出輕蔑的態度，常在推特（其帳戶擁有三千六百萬名追蹤者）斥責、挑釁這些投資者。由於投資金額達數十億美元之譜，做空投資人是該對自己的操作感到如履薄冰，更何況還可能被馬斯克隔空開嗆的行為拖累。二〇一九年三月，在這種緊張氣氛中，彭博社（Bloomberg）資深記者梅希・金斯利（Maisy Kinsley）透過LinkedIn網站，對一百九十五位關注特斯拉股票的投資人發出聯絡人邀請。她也開始在推特上追蹤特斯拉股票的知名做空投資人（見左頁圖），傳送訊息給其中幾位用戶，誘使他們提供個人及財務資

＊編按：投資人未持有股票，但預期市場行情將下跌，因此向證券商融券後賣出。待股票下跌，投資人即以更低價格買回、歸還證券商，從而賺取差價。

訊。其中一位做空投資人在查過金斯利這個人後心生懷疑。雖然她的個人網站看似專業，在LinkedIn網站也有個人頁面，但彭博或其他有信譽的新聞網站都找不到以她名義發表的文章。身為記者卻沒有任何撰文紀錄，實在很詭異。他立刻察覺事情不對並警告其他投資人：梅希背後可能是某個想打探市場動態消息的人。事實證明，她根本不是記者，只是某人使用生成對抗網路創造的網路人格。她的照片可能是從www.thispersondoesnotexist.com網站免費下載。彭博隨後也證實梅希．金斯利並非旗下員工。

雖然「梅希」造成的傷害不大，這起事件仍是一則警訊。一旦人工智慧更進步，股市和投資人也就更脆弱。深度造假可能被用來傷害個別投

·梅希·金斯利的推特頁面

資人的名譽，例如藉由「外流」錄音檔，讓某個投資人「承認」自己決策錯誤。一如梅希・金斯利的例子，深度造假也能用於竊取投資機密。二〇一九年的「梅希」使用一張深度造假照片，建立了個人網站、Linked及推特帳號；未來，「梅希」甚至能以偽造的身分建構信譽，例如在個人網站或社群媒體發表由她訪問商界及投資名人的深度造假影片，幫助她取得被害人的信任，藉此進行假身分詐騙。像「梅希」這樣由ＡＩ生成的虛擬人物，在與真正的人類互動之後，也可能編造出完整的經歷。

由於馬斯克性情古怪，特斯拉也是值得研究的案例。有這麼一位不按牌理出牌的執行長，也就讓深度造假有機會影響市場，例如讓「馬斯克」在「外流影片」中洩漏財務資訊。馬斯克的個人行為已足以影響股價波動。二〇一八年八月，他發表了一則推文，表示自己考慮在特斯拉股價來到四百二十美元時，將公司「私有化」，並宣稱「資金已到位」。事後證實這是錯誤資訊，《華爾街日報》隨後報導，股價四百二十美元可能只是伊隆對自己女友開的玩笑（四二〇代表抽大麻*）。這則推文當時對特斯拉投資人而言是重大訊息，也讓特斯拉股價大漲。美國證券交易委員會（United States Securities and Exchange Commission，簡稱ＳＥＣ）判定馬斯克以市場走勢誤導投資人，對馬斯克本人及特斯拉公司各開出兩千萬美元罰款。馬斯克與證券交易委員會達成協議，同意卸下特斯拉總裁頭銜，往後與公司相關的推文內容也將事先接受審查。但馬斯克顯然並未履行承諾。二〇二〇年五月一日，馬斯克推文表示：「在我看來，特斯拉股價太高了」，導致特斯拉市值蒸發一百四十億美元。有位證券分析師事後告訴路透社，「馬斯克就是會這麼做」、「故意跟投資人過不去」，那人並認為馬斯克在推特丟出的「敏感話題」顯然讓華爾街「頭痛不已」。[18]

有鑑於馬斯克對公司及股價的脫序發言，我們也不難看出，以馬斯克為目標的深度造假內容，將如同滾雪球般影響市場走勢。未來將發生更多針對私人企業的攻擊，可能是刻意助長某種陰謀論、或有組織地破壞公司股價及執行長的名譽。這類攻擊也有系統地轉變成了商業行為。「暗黑公關公司」（Black PR firm，又稱「黑公關」）提供「不實資訊」服務，攻擊客戶的敵人或競爭對手。BuzzFeed新聞網站調查發現，過去通常

＊編按：據傳過去曾有美國高中生在放學後相約尋找大麻，並以約定的四點二十分，將行動代號訂為「四二〇」，在有抽大麻習慣的族群中蔚為流行。而四月二十日也被訂為北美的大麻日。

由國家勢力動員的不實資訊攻擊，如俄羅斯，現在已逐漸用於攻擊私人企業。BuzzFeed在這項調查中發現，有暗黑公關公司承諾「根據客戶的期望，不擇手段改變現實。」[19]一旦深度造假為犯罪行為大開方便之門，勢必也將用於攻擊私人企業及擾亂市場。

## 所有女性都是目標

提到對個人的攻擊，早已發生過可惡至極的先例。不只拉娜・阿尤布這樣的政治記者、或是史嘉蕾・喬韓森這樣的知名女演員首當其衝（參見第一章和第四章的討論）。深度造假色情片的目標是所有女性，包括我們的妻子、女兒、姊妹和母親。深度造假由未經同意製作的造假色情片演變而來，將平凡的女性捲入其中。即使在人工智慧問世之前，造假色情片就足以毀掉一個人的人生。不論如何包裝，受害者隨之面臨的曝光、羞辱和恐懼，都將毀掉她們。她們無法再上網，難以找到或保住工作、甚至不再感到安全。這侵犯了她們最私人的領域及人身安全。丹妮爾・辛倫（Danielle

Citron）是隱私權研究的權威、也是波士頓大學法學院教授，對深度造假、以及將深度造假用於製作未經同意的造假色情片都曾表達看法。她認為深度造假色情片是個前兆，代表未來將發生影響範圍更大的人權問題；一旦我們的外貌和聲音遭到竊取，隱私和人身安全也會受損。

澳洲年輕女子諾莉・馬丁（Noelle Martin）的親身經歷，讓我們得以了解未經同意製作的造假色情片將帶來何等災難。當時她年僅十七歲，在青少年時期就被迫經歷這樣的折磨。某天，和大多數人一樣，她決定用一張放上社群網站的照片在Google上以圖搜圖，結果卻讓她瞠目結舌。事後，她描述了那可怕的一刻：

> 我的螢幕上瞬間滿滿都是那張照片，還有從我的社群網站盜用的數十張照片，網址連結到色情影片網站。在那些網站上，沒有名字、也看不到臉的人就像對待獵物一樣，對我大開黃腔，發表自己的妄想。「遮住她的臉，只看身體還硬得起來。」有人留了這樣一句話。他們貼出的資訊足以辨認我是誰：包括我住的地方、我的主修，以及我的身分。[20]

諾莉是在深度造假技術出現之前就成為目標，當時技術還不發達，只將她的臉移植到正在做愛的色情片演員身體上。諾莉的故事並非個案，她是網路上數以千計的受害女性之一。更糟的是，諾莉發現自己孤立無援。她曾向警方求助，警方卻表示幫不上忙。色情網站的主機通常設在國外，加害者也都匿名。諾莉只能絕望地一一聯絡各個網站，通知網站管理員刪除所有內容。但想移除造假色情片就像打地鼠一樣沒完沒了。她順利讓一部分內容下架，新的影片卻不斷出現。其中一個網站的管理員甚至勒索諾莉，要求她在二十四小時之內提供自己的裸照，才願意移除造假色情片。對抗網路霸凌多年後，諾莉決定在二〇一六年公開自己的經歷。她的故事也促使澳洲於二〇一九年制訂新法，規定在未經當事人同意的情況，散播私密照片是一種犯罪行為。

很不幸的，對策仍跟不上問題的惡化速度。深度造假色情片的生態系統已經商業化，市面上也出現各種客製服務及應用程式。舉例來說，「DeepNude」應用程式在二〇一八年問世——除了提供免費下載服務，用戶上傳女性衣著完整的照片後，應用程式就能自動生成「寬衣解帶」或裸體的照片。應用程式使用生成對抗網路，只需三十秒就能生成裸照。使用者不必具備任何技術，只須上傳一張照片。應用程式生成的圖片被一個大型浮水印遮擋，使用者必須支付五十美元購買正式版才能移除。而正式版仍有一個小型浮水印，標明為「造假」照片。DeepNude以女性裸體作為訓練數據，因此不適用於男性。如果你上傳了男性照片，應用程式會在下半身生成陰道而非陰莖。

《主機板》新聞網站的記者珊曼莎・科爾揭發了這個應用程式。她撰文痛批，標題則是〈這個可怕的應用程式，一鍵就能讓任何女性的照片變成裸照〉。[21]不幸的是，珊曼莎的文章也被許多別有居心的人看到了。文章刊登後，應用程式的熱度大增。過大的下載流量，導致DeepNude的伺服器當機而必須關閉。據DeepNude開發團隊統計，珊曼莎・科爾的報導上線後，用戶數在二十四小時內就逼近十萬。最後，DeepNude承受了過大壓力，開發團隊決定關閉網站，並表示「這個世界還沒準備好迎接DeepNude程式」。然而開發團隊知道他們賭對了。一個月後，他們出售了DeepNude，由一位匿名買主在拍賣平台以三萬美元的價格得標。DeepNude的運作軟體被重新修改並外流。DeepTrace公司威脅情報部門負責人亨利・阿德傑（Henry Adjer）

向我透露，DeepNude程式已在多個種子網站*供人下載。DeepTrace公司也發現了「兩個新的入口網站，提供的是改良後的DeepNude軟體」，價格從一美元生成一張照片、到二十美元可單月無限使用不等。

DeepNude自開放下載的那一刻起，就「脫離了發明者的掌控，現在更是難以阻止軟體流通。」DeepNude可能會繼續「像病毒一樣散播、突變，成為流行的工具，用來製造未經同意的女性深度造假色情片——取得容易、難以遏阻。」[22]DeepNude使用對抗生成網路技術製造女性的裸照。我在第一章提過的換臉技術，是用於製作造假色情片，並需要一定程度的技巧才能做到。然而，隨著合成媒體技術持續發展，預期將會有更新、更高明的方式，讓DeepNude和換臉技術的成果看起來都遜色許多。

全球資訊網（World Wide Web）的發明人提姆·伯納斯·李（Tim Berners Lee）爵士

*編按：「種子」是一種便於分享的檔案型態。使用者將欲分享給他人的檔案製成「種子」（seed），其他使用者下載種子檔案時，檔案將同步上傳。在這樣的分享過程中，下載檔案並非透過固定的連結，而是透過曾下載該檔案的電腦來進行。

曾經語帶擔憂地指出，女人和女孩正面臨網路傷害「與日俱增的威脅」。性騷擾、威脅訊息及歧視，讓網路對她們而言不再是安全的場所。如他所述，「網路環境不適合女人和女孩。」[23]但事實上，在資訊末日下，不只女人和女孩正面臨網路傷害與日俱增的威脅，男人和男孩也無法倖免。目前，深度造假色情片的目標幾乎只針對女性，但以深度造假同志色情片為例，這類型的影片也會在世界某處對某個人的生命或自由造成傷害。在不久的將來，這可能就是深度造假的另一個目標。

## 擦槍走火的「披薩門」事件

在資訊末日的環境下，所有組織和個體在面臨縝密、針對性的攻擊時，都變得更脆弱了；而資訊末日的混沌，也讓我們更容易受到連累。錯誤資訊瘋傳導致的雪球效應，即使並非出於惡意，也會破壞我們的人生和事業。在深度造假出現之前，曾發生一起被稱為「披薩門」（Pizzagate）的惡意事件；這正是前車之鑑，讓我們認清一旦資訊環境變成了危險的武器，事態將惡化到什麼程度。

「披薩門」的故事，要從俄羅斯在二〇一六年美國總統大選期間入侵希拉蕊．柯林頓陣營的電子郵件說起，結果顯然是一場災難。選前一個月，希拉蕊競選團隊主任約翰．波德斯塔（John Podesta）的電子郵件曾經遭竊，內容全被放上由激進駭客成立的「維基解密」網站（郵件目前仍可以下載[24]）。波德斯塔是忠誠的民主黨黨工，在他被「Guccifer 2.0」鎖定前，曾先後為柯林頓夫婦輔選。「Guccifer 2.0」由俄羅斯軍方特務人員化名，他宣稱自己正是主謀。曝光的電子郵件內容鉅細靡遺，從瑣碎的小事（如燉飯食譜）乃至政治內幕，例如希拉蕊私下向華爾街人士募款的講稿。

網友並不打算放過任何細節，Reddit、4Chan等論壇也出現了弔詭的陰謀論。根據傳聞，波德斯塔、希拉蕊及歐巴馬都隸屬於某個祕密菁英戀童癖組織，該組織的據點就在華盛頓特區一間披薩店的地下室。陰謀論究竟是怎麼來的？郵件內容提到社交聚會時，的確出現了「披薩」一詞；而「起司披薩」（cheese pizza）正是暗網上對兒童色情片的代號。

在陰謀論者眼中，任何蛛絲馬跡都很可疑。例如披薩店名「彗星乒乓」（Comet Ping Pong），英文縮寫和起司披薩一樣都是「CP」，代表了兒童色情片（child porn）。

而披薩店由詹姆斯·阿列范帝斯（James Alefantis）經營，他似乎和民主黨人士關係良好——再次「得證」。如果念出詹姆斯·阿列范帝斯的名字，聽起來就像法文的「j'aime les enfants」，意思是「我愛小孩」。這又是一項證據。阿列范帝斯的Instagram帳號讓陰謀論的這把火燒得更旺。上面有幾張孩子的照片，其中一張是孩子吃著一片披薩；另一張則拍下了歐巴馬總統在白宮和一個孩子打乒乓球的畫面。這些都被扭曲成阿列范帝斯經營變態性組織的「證明」。

各種專門探討「披薩門」陰謀論的網站、網誌和論壇紛紛出現。其中，匿名的WordPress網誌「特區披薩門」（dcpizzagate）力挺陰謀論；其中一篇冗長、廢話連篇的文章提到了那些電子郵件：「如果內容不是用暗號寫成的，就說不通了。波德斯塔的法律團隊和主流媒體，沒有任何一個人可以提出合理的解釋，說明信裡的「披薩」是真正的披薩。」[25]接著，文章形容了阿列范帝斯的Instagram頁面有多噁心：「看看他貼的照片，各位捫心自問，看了難道不會覺得很毛？」[26]文章繼續一一檢視來自阿列范帝斯Instagram的照片，把他抹黑成兒童賣淫集團的主謀。據這篇文章所述，阿列范帝斯也涉及了撒旦崇拜。

這聽起來很瘋狂——沒錯，這一切都太瘋狂了。但「披薩門」不知為何愈演愈烈。在Reddit上，以這個捏造的陰謀論為主題的子論壇，成員共有二萬二千人。少數抗議人士開始聚集在披薩店外，騷擾阿列范帝斯及其他被控參與性組織的人士。事後，阿列范帝斯提及被騷擾的經過：

訊息和留言蜂擁而來。我曾經一天內就在社群媒體網站收到七十五則私訊。我決定不隨之起舞——刪除留言，盡量不回應。我以為這終究會告一段落，事情卻愈來愈糟。很多私訊內容非常暴力——「我有槍，我要殺了你」——看了令人毛骨悚然——「我希望某個人帶著突擊步槍闖進店裡殺了所有人。我想切開你的內臟，看它們灑在地板上。」我只能闔起筆記型電腦，繼續過日子。有人開始對我進行「肉搜」時，情況變得非常恐怖。他們過濾我的社群頁面，傳訊息給所有曾在我的照片上點讚或留言的人。我開始接到朋友、家人和客人的電話，表示他們也在網路上被騷擾。[27]

隨後，事情一發不可收拾。維基解密在二〇一六年十月及十一月公開了波德斯坦的電子郵件。阿列范帝斯以為川普當選後，網路攻擊就會停止，但並非如此。二〇一六年十二月四日，一名槍手帶著AR-15自動步槍進入彗星乒乓，開了數槍；所幸無人受傷。槍手艾德格・麥迪森・威爾希（Edgar Maddison Welch）很滿意現場沒有任何小孩（事實上，彗星乒乓根本沒有地下室！）於是離開了披薩店並主動投案。他告訴警方，自己是從北卡羅萊納州的家開車前往華盛頓特區，「主動調查」兒童性組織的傳聞。威爾希被判刑四年，但網路上的「披薩門」仍未平息：陰謀論者認為，威爾希的攻擊只是模糊真相的煙霧彈！

這個令人震驚的例子，說明了資訊末日如何助長這類無稽之談的傳播。假如幾封提到「披薩」的外流電子郵件，就能導致一名槍手闖入房屋、企圖解救他想像出來的兒童性組織所綁架的孩子，各位應該不難看出深度造假的威力。試想一下，假如出現了一部深度造假影片，內容是希拉蕊與阿列范帝斯聊到兒童性虐待的畫面，後果可能會比闖入一名槍手更為嚴重。阿列范帝斯的人生再也無法「恢復正常」。某些人仍相信陰謀論，他也持續遭受攻擊。如同他本人後來所說：「從那時候開始，我很害怕。我不斷收到死亡威脅。我開始在外出時戴上帽子和太陽眼鏡。保全人員總說：『沒

錯，你現在的處境很危險。』」㉘

披薩門是一個極度弔詭的故事，但阿列范帝斯身陷的風暴則是另一個例子，說明資訊末日如何形塑我們的現實生活。一旦我們的資訊環境受到更嚴重的污染、變得更腐敗，人與企業就會更脆弱；無論我們是被針對的目標，或是受到牽連。

# 6

## 武漢肺炎：資訊末日全球擴散的「完美示範」

DEEP
FAKES

撰寫本書時，我根本想不到全世界會陷入史無前例的危機，這場危機甚至還完整體現了資訊末日所造成的一切威脅。如今武漢肺炎疫情持續在全球肆虐，染上這種可怕病毒而性命垂危的重症患者，真的會「不能呼吸」。對健康的人來說，武漢肺炎就像一個看不見的劊子手，貪婪地嗅著我們的脖子，企圖奪走所有人的生命，並摧毀我們的生計。這種規模的傳染病前所未見，會如何結束仍在未定之天。武漢肺炎導致我們無法正常工作，迫使我們正視自己有限的生命。但這次疫情同時也是完美的研究案例，揭露這個日漸危險且不值得信任的資訊環境，內部究竟如何運作。

## 中國的角色

二〇二〇年一月底某個寒冷冬夜，我生平第一次聽說「武漢」這個地名。那天，歐洲出現武漢肺炎首例。當時我正要前往位於倫敦的「天空新聞」（Sky News），進行晚報新聞回顧，同時準備隔天一早的頭條：武漢出現造成嚴重呼吸道疾病的致命病毒；短短數週就有十餘人因此身亡。那時，再過幾天就是中國最大的節日之一——農曆新年。為了與摯愛的親友團聚同歡，勢必會有數百萬人在中國境內（及全球）往返穿梭，因此中國政府決定祭出非常手段。武漢和周遭城市一夜間全面封城，約有兩千五百萬人被困在世上迄今規模最大的防疫封鎖區（cordon sanitaire，又譯隔離封鎖、疾病禁制）之中。但即使北京當局猛踩防疫煞車，也無法遏止新型冠狀病毒演變成全球大流行的傳染病。而在埋首寫書的數月之間，我也注意到武漢肺炎危機展露出資訊末日的關鍵特質。

第二章從地緣政治的角度，介紹了何謂資訊末日，也討論了俄羅斯以國家行為者之姿，早在資訊末日形成之前就開始打造有利其發展的環境。而今全世界都處於資訊末日，俄羅斯的發展更是蓬勃。俄羅斯把握資訊末日的條件來達成政治目的，也一如既往正常發揮，利用武漢肺炎來分裂世界各地的目標國家，分散他們的注意力，一切宛如「感染行動」的加速升級版。武漢肺炎爆發後，俄羅斯當局幾乎立刻就將風向帶到謠傳已久的美國生化武器計畫。這種說法令人回想起美蘇冷戰時期，蘇聯指控美國吸收納粹的「法西斯科技」（fascist technology），透過基因改造工程製造疾病（genetically engineer disease）。俄羅斯毫無根據地宣稱武漢肺炎病毒是美國用來對付中國人的「生化武器」。而等到武漢肺炎席捲美國本土時，他們的說詞也大轉彎：美國人製造武漢肺炎的目的是要圖利本國藥商，而且藥商早就研發出疫苗了。

武漢肺炎也讓俄羅斯在中美關係日漸劍拔弩張之時，伺機見縫插針。俄羅斯的手法符合一貫的「分裂和分散注意力」策略，他們開始放出另一波流言：武漢肺炎是中國製造的生化武器，並且與該國的5G網路建設有關。克里姆林宮當局也在烏克蘭散播相關假訊息，企圖製造恐懼，讓民眾以為疫情比實際情況更為嚴重。烏克蘭從武漢撤僑回國時，這種謠言還在當地鄉村地區的一座小鎮引發暴動。抗議民眾封鎖道路、投擲石塊攻擊載送僑民的專車，致使烏克蘭政府不得不派出國民衛隊（National Guard）鎮暴止亂。①

英國首相強生（Boris Johnson）確診武漢肺炎而住院接受治療的那一天起，俄羅斯的資訊戰行動愈演愈烈。假消息滿天飛，像是強森首相必須靠呼吸器才能維生。英國政府為此也出面強烈駁斥。

然而，資訊末日已非俄羅斯一「國」獨大。愈來愈多國家級組織亦開始尋找利用資訊末日的機會。武漢肺炎可謂是中國策略的轉捩點。中國過去的資訊戰行動，往往透過審查機制以及敘事創作（narrative creation）來進行嚴格管控。不過，中國從二〇二〇年三月起開始採用的策略，則頗有向俄羅斯看齊的態勢，亦即假造武漢肺炎的病毒源頭，企圖製造混亂。以往，分析人士在處理不實資訊時，總會區分是屬於俄羅斯的「混亂」策略，或是中國的「控制」策略。由此可知，中國現在開始雙管齊下，在其策略發展過程中是多麼重要的一步。

中國回應武漢肺炎的資訊作戰行動，共有三種途徑。第一種是審查制度。在武漢疫情爆發初期，中國當局審查關於新型傳染病的新聞報導，以及任何批評中央政府的言論。他們的手法是淡化武漢肺炎的風險、讓最早示警的「吹哨人」（whistle-blower）噤聲，以及刻意低報死亡人數。武漢中心醫院眼科醫師李文亮就是這項行動下的悲劇人物。他在二〇一九年十二月底率先提出警告，卻遭到有關當局約談，被迫簽下訓誡書承認自己的言論不實且「擾亂公共秩序」。[2]但造化弄人，李醫師最後死於武漢肺炎，身後留下懷孕的妻子和年幼的兒子。李醫師在過世前就是全球公認的英雄。他在接受《紐約時報》專訪時表示：「如果官方能提前公布疫情資訊，我想（情況）會好很多。」[3]

武漢肺炎如野火燎原般從中國向外蔓延時，中國共產黨則持續壓制相關資訊，連社群媒體也不放過。根據加拿大多倫多大學的調查報告指出，從二〇一九年十二月開始，中國各種社群媒體App上與疫情爆發有關的關鍵字全都會遭到審查。到了二〇二〇年二月，所有針對中國政府處理武漢肺炎的批判性資訊，甚至包括中立資訊，一律遭到封鎖。與此同時，中國政府的網路監管機構也提出公開警告，只要在網站、網路平台上，或是以帳號發表任何「有害」內容和「散播恐懼」的人，都會遭到懲處。

中國政府這樣的作為，不僅中國公民，而是全球都要人人自危。英國國會外交事務委員會（Foreign Affairs Committee in the British Parliament）在報告中予以譴責，直指中國政府「假造疾病數據」，並「刻意誤導」公共衛生組織以及他國政府，導致在「疫情初期關鍵階段」，「分析結果遭到混淆」。[4]文中引述該委員會主席董勤達（Tom Tugendhat）所言，中國政府非但沒有協助其他國家迅速有效地因應疫情，反而「為了維護政權的形象，（中國政府）益發明目張膽地操控關於武漢肺炎的關鍵資訊。」[5]

中共非常清楚這次疫情會造成多大的損失，因而採取第二種資訊作戰途徑：有計畫地將中國塑造成負責、有擔當的好國家。誇大不實的報導應運而生，像是中國如何妥善控制國內疫情危機，以及所謂的「口罩外交」——北京當局展開捐贈物資、人力馳援等援助行動，協助各國政府對抗疫情，尤以西方國家為甚。新華社是中國官方資助成立的媒體，我在社群媒體上無意間滑到該社上傳了中國物資抵達倫敦希斯洛機場的照片，立刻識破中國的伎倆。箱子外面的標籤上印著「保持冷靜，攜手對抗新冠病毒」（Keep Calm and Combat Coronavirus）。[6]同樣的，中國被控隱瞞疫情早期的數據（的確如此）時，中國駐各國大使的回應如出一轍，暗指處理疫情更有效的方法是「團結抗疫」而非「互相指責」。[7]

第三，武漢肺炎也顯示中國刻意製造混亂，尤其是病毒的起源。這要回到二〇二〇年三月，當時中國外交部發言人趙立堅宣稱，將新冠病毒稱為「中國病毒」是「沒有任何事實或證據」的說法。他認為提出這種說法的人，顯然「別有用心」，企圖「讓中國背黑鍋」。

三月十二日，趙立堅在推特上貼出一則連結，推文中並強調這篇文章「非常重要」，然而內文卻誣陷美國為新冠肺炎的發源地。趙立堅並繼續指控美國官員沒有誠實公開「他們對病毒的了解」。[8]

中國外交官和官方新聞媒體隨後也動作一致，紛紛轉載各種理論：有的主張武漢肺炎的起源地並非中國，有的則表示可能是美軍將病毒帶到武漢。[9]此一途徑亦可視為北京當局新鷹派政策的一環：試圖轉移焦點，讓人們忽略其疏失。

包括伊朗、北韓在內的其他國家，也開始啟動自家的武漢肺炎資訊戰行動。雖然各國能力和策略不盡相同，一般而言都是在國內打著疫情之名、行資訊審查之實，同時散播詆毀西方國家的訊息、駭入個人資料並加強監控。例如，伊朗政府釋出殷切希望民眾了解的醫療資訊，其中卻潛藏間諜軟體，藉此監控人民的一舉一動。因應資訊末日而採取相應行動的國家日漸增加，並不是什麼好事，而是一種警訊，提醒我們注意因資訊末日而產生的這種趨勢，發展的速度有多快。

## 武漢肺炎、川普和二〇二〇美國總統大選

全球疫情大流行之際，資訊末日的動能（dynamics）在西方世界尤為顯著。接著同樣以美國為案例來探討。平心而論，美國總統川普這次危機處理表現極差，以充滿

個人特色的「武肺假消息」來對抗疫情。

武漢肺炎讓川普政府猝不及防。雖然川普政府早已收到警訊，卻拒絕像其他國家一樣進行防疫準備。在撰寫本書時，武漢肺炎已奪走逾十萬名美國人民的生命，美國的感染率也是全球最高。川普政府的拙劣應對始於二〇一八年四月，當時，川普政府解散了白宮國家安全委員會（National Security Council，簡稱NSC）的防疫任務小組。除此之外，川普政府也一再刪減公共衛生機構的預算，包括砍掉二億美元的「防患未然」（Predict）計畫，該計畫旨在及早發現可能大規模流行的傳染病並提出警告。[10]

德國、紐西蘭、南韓等國開始認真抗疫，增設加護病房床位、呼吸器、準備啟動篩檢、接觸者追蹤（contact-tracing）相關計畫的同時，川普政府卻毫無作為。在二〇二〇年一月二十二日於瑞士達佛斯（Davos）舉行的世界經濟論壇（World Economc Forum，簡稱WEF）中，川普總統首次被問及是否擔心這次的疫情。當時再過幾小時後，武漢就會封城，歐洲也將出現第一個確診案例。而川普的回答是：「我完全不擔心，一切都在控制之中。」

對於川普這種滿不在乎的回應，外界愈來愈擔憂。川普在二〇一八年開除的專家團隊也在《華盛頓郵報》發文，央求美國政府做好因應措施，「在疫情爆發之前防患未然」，同時也提出警告，「演變為全球大流行是必然的結果」。他們也呼籲所有「出現不明肺炎症狀」（unexplained pneumonia，簡稱UP）的患者都要接受篩檢，即使未曾去過中國也一樣。[11]但川普繼續忽視即將來襲的風暴。不只忽略，他甚至還積極散播武漢肺炎的不實資訊。他在二〇二〇年二月的公開談話中，宣稱病毒「會在高溫中死亡」，還表示「（病毒）有朝一日……就會神奇地消失」，「各位都會平安無事」。他甚至低估武漢肺炎的緊急危險性，指控民主黨人士企圖將武漢肺炎政治化，並稱這是他們的新「騙局」。以下是川普的原「話」重現：「局勢變了，（民主黨）輸了，局勢已經變了。思考一下，各位，請思考一下。武漢肺炎就是他們的新騙局。」[12]

到了三月中，美國的武漢肺炎確診人數翻倍突破一萬大關。川普依然宣稱一切安好。他說：「我們很好，我們的國家非常好。」當川普被問到，他的執政團隊顯然無法妥善因應武漢肺炎，他是否該為此負責時，他的回應是：「不，我沒有任何責任。」股市屢屢重挫，創下自二〇〇八年金融風暴造成經濟大衰退以來最快的崩跌速度。三月二十日，高盛投資銀行提出警告，二〇二〇年第二季結束時，美國國內生產總值（GDP）恐大幅萎縮百分之二十九，失業率則至少會飆高至百分之九。川普總統終於發現自己必須親上火線。而就在三天前、也就是二〇二〇年三月十七日，川普對著一群記者宣告：「武漢肺炎確實是傳染病。」隨後並補充：「早在武漢肺炎被認定是全球大流行疾病之前，我就已經知道了。」[13]

川普終於意識到疫情有多嚴峻之後，立刻開始加速散播各種不實資訊。距離美國總統大選只剩下幾個月，其執政團隊應對疫情的表現荒腔走板，而川普一心只想卸責。川普所面臨的問題在於，武漢肺炎讓人民完全看清了資訊末日危險的本質，以及川普本人在資訊末日中的角色。惡質資訊當然危險，這點無須贅言。然而，在疫情大流行期間，惡質資訊還會要了我們的命。想對抗武漢肺炎，我們必須掌握正確無誤的資訊。而諷刺的是，川普發現自己的處境非常尷尬，他一方面必須尋求公共衛生專家的協助，讓民眾對政府的應變措施有信心。在此同時，川普又積極不懈地散播錯誤和不實資訊。倘若如今情勢並非如此危急，川普的所作所為一定就像一齣滑稽鬧劇。

美國雖然有川普這樣的總統，幸而也有和他不同調的科學顧問。安東尼・佛奇（Anthony Fauci）博士是美國國家過敏與傳染病研究所（National Institute of Allergy and

Infectious Diseases）所長，年高七十八歲的他，就是可以完美制衡川普的那股力量。佛奇也是白宮武漢肺炎專案小組（White House Coronavirus Task Force）的成員，會陪同川普總統一起向全美民眾說明疫情。三月中旬一次疫情簡報中，佛奇聽到川普戲稱美國國務院是「深層國務院」（Deep State Department）[14]時，臉色不變並掩面，整個過程僅約兩秒，卻讓他成為網路爆紅的傳奇人物。此後，佛奇就開始善用自己日益高漲的知名度，向美國民眾傳達武漢肺炎的資訊，即使此舉讓他在川普執政團隊中的地位岌岌可危。川普是資訊末日的具體化身——提供危險的誤導性資訊，而佛奇恰好相反——他是可靠的正確資訊來源。就在總統大選前幾個月，美國出現了這幅真實存在的超現實場景：全國首屈一指的公共衛生專家與美國總統同台，一起向全美國發表抗疫簡報，但最後總是意見相左。最好的例子就是川普站在白宮講台前，提議「消毒水」可以「注入人體……清除（病毒）」[15]，用來治療武漢肺炎，而長久以來忍受川普的一位科學顧問（這次換成黛博拉．比爾斯博士），臉色變得極為難看。

除了提出前述治療武漢肺炎的危險發言之外，川普與其團隊也想盡辦法推卸美國境內疫情爆發的責任。對內，他們咬定都是因為民主黨提出彈劾案，導致川普政府無法專心進行國內的防疫；對外則鎖定中國，發動激烈的資訊戰。北京和華盛頓當局之間的口水戰，將對全球地緣政治產生極大的影響。讓我們將時間和場景拉到二〇二〇年一月二十四日的達佛斯，川普兩天前才在這裡表示自己不擔心疫情，卻又改口說自己相當看好中國。他在推特上發文：「中國努力不懈地控制新冠肺炎。美國感謝中國的付出以及對疫情公開透明的程度。一切都會非常順利。我要代表美國民眾，特別感謝習近平主席！」[16]當時的背景是，川普的顧問建議他應向習主席施壓，讓疫情公開透明化。而在同一時間，川普一方面努力緩和北京和華府之間長期以來的貿易爭端，一方面也忙不迭地公開讚揚中美關係「進入有史以來的最佳狀態」，而他與習近平主席之間的「關係非常良好」。

實際上，原就遍布荊棘的中美關係更是急遽惡化。與此同時，公共衛生危機就像提油救火般越演越烈。到了三月，川普不再提他和習近平「關係非常良好」，反而態度丕變，改稱新冠肺炎是「武漢流感」（Wuhan Flu）和「中國病毒」。儘管這可能是川普在外交上的一次失態表現，但平心而論，川普的說法與事實相符：武漢肺炎確實源自中國。當然，川普此舉無助於平息事態。更重要的是，這意味著川普已開始卸責

（blame game）了。自此之後，北京和華府之間相互指控的緊張關係趨於白熱化，舉例來說，川普宣稱北京處理疫情的方式，證明了中國「竭盡所能」阻撓川普在二〇二〇年十一月順利連任。[17]川普形同否定了自己以往的發言，如今不停砲轟中國隱匿疫情，並承諾要讓中國「負起全責」，揚言進行「大規模的調查」。時序來到四月，《紐約時報》報導川普執政團隊的資深官員向情報機構施壓，要求他們務必找出新冠病毒與武漢實驗室有關的證據關連。由於美中衝突愈演愈烈，情報機構擔心白宮想以此作為「政治武器」而拒絕。雖然中國確實封鎖了疫情爆發的消息，但並沒有證據顯示病毒是在中國武漢的實驗室製造。[18]結果，美國情報機構反而發表聯合聲明，表示武肺病毒「並非人為製造，也不是基因改造而成」。數小時之後，川普卻聲稱自己看過證據，足以證明病毒是在武漢一間實驗室製造出來的。川普這番言論似乎收效良好。根據英國民調機構YouGov與Yahoo新聞的聯合民調，百分之五十八的川普支持者同意此說法：「中國科學家在實驗室製造病毒，意外導致病毒外洩。」

## 武漢肺炎催生出陰謀論者

川普針對武漢肺炎發表的不實資訊，在美國國內外都非常危險。雖然川普是特別重要的「意見領袖」，但他並不是唯一一位散播武漢肺炎錯誤和不實資訊的人；這次疫情也讓陰謀論者變本加厲。丹尼爾・喬利（Daniel Jolley）是英國諾桑比亞大學（Northumbria University）的心理學資深講師，他解釋陰謀論根植於民眾相信「一群有權勢的人正在密謀對他們有利的陰謀」。在危機時刻，陰謀論格外危險、也更具說服力，因為陰謀論提出了釀成危機的原因，協助民眾找到明確的方向。正如喬利所說，人們之所以向陰謀論靠攏，乃是出於「內心需要有踏實感」。[19]

在美國，一群陰謀論者所組成的組織「匿名者Q」（QAnon）認為有所謂的「深層政府」陰謀，而且事關一群戀童癖菁英。他們這次宣揚的陰謀論是微軟創辦人比爾・蓋茲（Bill Gates）創造了新冠病毒（如同第五章談到的「披薩門事件」，網路上有許多版本的陰謀論都直指在幕後統治美國的是一個戀童癖菁英集團）。其中一個版本主張，比爾・

蓋茲正在密謀以施打肺炎疫苗為掩護，暗中在數十億民眾體內植入晶片，藉此監控他們的一舉一動。根據稍早提到的Yahoo新聞和YouGov聯合民調，有百分之四十四的共和黨支持者相信這個陰謀論，而且只有五成美國民眾表示，在武漢肺炎疫苗問世後會去接種。[20]

因此，「蓋茲陰謀論」能獲得國際反疫苗（anti-vax）團體的支持，也就不令人意外了。反疫苗的人愈來愈多，他們自己和孩子都拒絕接種傳染病疫苗，理由則五花八門，包括相信打疫苗會導致自閉症。雖然「疫苗猶豫」（vaccine hesitancy）現象的歷史悠久，但隨著資訊末日出現，這種現象開始加速蔓延，支持者眾；而我們再一次經歷到的「緊急應變級別」（emergency-level）傳染病大爆發，規模可比當年麻疹在西方國家的大流行。反疫苗團體也容易成為境外勢力惡意攻擊的對象。的確，俄羅斯就像利用非裔美國人般地利用了這類團體。[21]即使是武漢肺炎也撼動不了特定反疫苗人士的信心，像是堪稱意見領袖的英國歌手M.I.A.就聲稱自己「寧死」也不要接種疫苗。[22]世界排名第一的網球名將諾瓦克・喬科維奇（Novak Djokovic）也說，他可能不會復賽，因為他「不希望」為了參加巡迴賽而「被迫接種疫苗」。[23]

而此時的英國，有個惡名昭彰的陰謀家大衛・艾克（David Icke）則不遺餘力地闡述「5G網路散播武漢肺炎病毒」的陰謀論。在此先介紹大衛・艾克這個人，他也主張這個世界已經被一種跨次元爬蟲類生物控制，該物種名為「艾肯」（Archon，意為執政官）。艾肯假扮成全球的菁英人物，英國王室成員也在其中。5G網路陰謀論確實讓人擔憂國家安全，以及中國在關鍵資訊基礎設施（Critical Information Infrastructure，簡稱CII）中扮演的角色，但5G陰謀論的時間早於武漢肺炎危機。不過，這類陰謀論如今已全都圍繞著武漢肺炎了。英國的情況已經變得危險。在我寫書時，英國發生了超過七十起縱火案件，攻擊目標都鎖定網路電塔（network mast），此外也有逾一百八十起攻擊5G計畫關鍵人員的事故報告。[24]

武漢肺炎也迎來了第一支深度造假影片。這或許是深度造假足以造成政治傷害的最佳個案，而始作俑者迄今仍「逍遙法外」。該影片由全球環保運動組織「反抗滅絕」（Extinction Rebellion，簡稱XR）的比利時分部所製作，片中可見比利時總理蘇菲・威爾梅斯（Sophie Wilmès）正在發表一段假演說，主張諸如嚴重急性呼吸道症候群（SARS）、伊波拉病毒（Ebola）、武漢肺炎這類的全球傳染病，都與「人類濫用自然資源和破壞環境」有直接關係。[25]她的這番言論就像是和XR站在同一陣線：

新冠病毒是不容忽視的警鐘（中略）全球大流行疫情是生態危機惡化造成的惡果。身為政策制定者，我們卻沒有意識到生態浩劫（ecological collapse，又譯生態崩潰）的嚴重性。今日，新冠病毒危機讓我們清楚認知人類必須做出更深刻的改變：我們必須改變自己的生活方式，而且必須立刻進行。[26]

負責這支深度造假影片的XR成員至今都未公開影片的製作方式，即使他們有在臉書上說明影片內容全為「杜撰」，標題卻並未明確標示。正如影片下方的留言所示，許多觀眾都信以為真，對影片內容深信不疑。

## 獨裁者和罪犯

因武漢肺炎而產生的危險、不可信的資訊，已是全球共通問題。在印度，隸屬執政黨印度人民黨的政客，藉著這波疫情推廣以民族主義包裝的偽科學觀念，例如聖牛的尿液和糞便就是對抗病毒的療法。而巴西總統雅伊爾・波索納洛（Jair Bolsonaro）則堅決反對封城、保持社交距離等防疫措施，甚至駁斥武漢肺炎只是「小感冒」，痛批媒體對疫情的嚴重性過於「歇斯底里」。相較於其他洲，新型冠狀病毒傳至南美洲的時間最晚。不過在我寫書之時，巴西的確診人數已躍居全球第二，僅次於美國，死亡人數持續飆升（在執筆此刻為全球第六[27]）。英國倫敦帝國學院（Imperial College London）一項研究分析了四十八國的「活躍病毒傳染率」（active transmission rate）之後發現，巴西的傳染率全球最高（基本傳染數「RO值」為2.81，亦即平均一個感染者可傳染給二・八一人）。[28]對於明智地實施封城、推行維持社交距離等措施的州長和市長，波索納洛總統總是公然唱反調，讓民眾無所適從。當記者問到有關武肺確診案例急速增加的問題時，他回答：「那又怎樣？不然你想要我怎樣？」[29]

俄羅斯也面臨類似的危機。在巴西後來居上之前，俄羅斯曾短暫登上全球確診人數第二高的國家。二〇二〇年三月，俄羅斯起初似乎未受疫情重創，莫斯科當局也迅速展開外援行動，援助的國家包括美國。但在疫情尚未延燒至俄羅斯之前，普丁政府並未善用這段時間提前做好防疫準備。在短短幾週之內，就換成俄羅斯必須從美國進口呼吸器。[30]而普丁在防疫上的無能表現，對比他早前砲轟西方國家領袖防疫無能的行徑，實在諷刺。

而這次全球疫情的關鍵角色不只政治人物、陰謀論者和國家級組織，各種詐欺犯、小偷和網路犯罪分子也都傾巢而出，例如販售治療武漢肺炎的假藥或偏方，藉此大發疫情財。二〇二〇年三月，國際刑警組織（International Criminal Police Organization，通稱Interpol，簡稱ICP）透過「盤古行動」（Operation Pangea，此行動旨在打擊偽造或非法健康產品），破獲了超過三萬四千件不實的武漢肺炎相關醫療用品，品項包羅萬象，包括假口罩、不合格的手部消毒劑，以及未獲核准的抗病毒藥物。[31]

網路犯罪分子也把握良機、傾巢而出。對他們來說，現在的條件非常完美，很適合用網路攻擊個人、組織以及企業。由於全球有數億人被困在家中隔離，大眾迫切想要獲得相關資訊，網路犯罪就宛如探囊取物。武漢肺炎導致網路釣魚詐騙案件激增、大量個人資料遭竊。許多網路犯罪者偽裝成公共衛生權威機構（例如世界衛生組織WHO），寄出電子郵件誘騙網路使用者下載惡意軟體，藉此竊取個人資料、信用卡號碼等。正如伊朗的案例所示，國家機構也以相同的手法誘使人民安裝間諜軟體。由於疫情期間許多人都在家工作，公司行號必須在短時間內設置遠端辦公系統，也通常會在網路安全上降低標準。這種情形讓網路罪犯可以更輕易地靠武漢肺炎大撈一筆。

武漢肺炎的出現，凸顯了資訊生態系統腐化所帶來的危機。由於病毒仍充滿未知數，導致惡質、不可信的資訊趁虛而入。武漢肺炎危機讓我們看到資訊末日正在肆虐。我們全都活在資訊末日的世界裡，資訊末日也衝擊著我們每一個人。

# 7

# 「反資訊末日」盟友集結！

DEEP FAKES

希望各位讀到這裡已經明白，資訊末日對任何人來說都是威脅。眼下我們正面臨一種處境——所有資訊都無法信任，因為資訊環境已經腐化。

了解上述背景後，我們又該如何改善、而非任其惡化？我認為，最好的方式就是從細微但關鍵的地方著手，逐步修復破碎的資訊環境，不貿然涉入資訊末日及政治活動引發的對立。我們應該冷靜以對。假如在游泳時遭逢巨浪，最好的自救方法就是避開、不正面衝突。同樣的，我相信對抗資訊末日最好的方法，就是保持距離、不讓自己身陷其中。我們應該把焦點放在資訊生態系統的結構，而不是各種造假資訊的內容。為了不讓「混亂的反烏托邦」繼續發展，我們必須有所認識、防備並反擊。

## 第一步：了解

我們必須對「敵人」有基本的了解，否則不可能與之對抗。聽起來或許簡單，事實卻並非如此。雖然有許多人力、組織投入了這個領域，對其概念架構及分類卻仍未取得共識，尤其是涉及深度造假的部分。我們必須建立清楚、一致的概念架構，才能有效應對這類威脅。我衷心希望本書有助於達成這個目標。以下，我想再次重申各位需要立刻了解的事：

資訊生態系統逐漸變得危險而不可信。社會大眾愈來愈常聽到所謂的「不實資訊」、「錯誤資訊」、「陰謀論」以及「假新聞」——特別是在武漢肺炎疫情之下。我希望找到一個詞彙，有助於讓大家理解，上述威脅都是資訊生態系統正在全面且大規模系統化腐敗的結果。而我選擇了阿維夫・歐維亞在二〇一六年提出的「資訊末日」一詞。

資訊末日在過去十年內不斷發展，往後將會繼續蔓延。「惡質資訊」雖然不是一種新現象，然而以普及和威脅程度來看，都和我們過去所認知的不同。我雖然無法明確指出發生的時間點，但資訊末日絕對是二十一世紀獨有的現象：人際聯絡與溝通領域發生了科技革命，因而造就了這樣的資訊生態環境——網路、智慧型手機、社群媒體及影像都成為了溝通的形式。現在，我們正面臨一種快速演化的新形態威脅——深度造假。我希望這本書足以說明，在資訊末日下，錯誤和不實資訊危機將對現實世界造成影響、危及每一個人。

深度造假是眼下最新的威脅。深度造假並非憑空出現。要維護健全的資訊環境，「對抗深度造假」是一大挑戰。尤其重要的是將深度造假歸類。我看過有人用「深度造假」代表所有的合成媒體、換臉技術，而有時指的則是成人色情片的換臉技術。有鑑於此，我建議用「深度造假」表示任何帶有惡意的合成媒體。畢竟合成媒體也有許多有益的用途，因此必須加以區分。我們不希望一概而論。

我們還有時間應對深度造假的威脅。由於合成媒體背後的人工智慧技術仍處於發展初期，我們有足夠的時間影響ＡＩ技術的發展方向與成果。現在正是關鍵時刻，我們應該制定標準，規範合成媒體的製作、分類及識別。速度就是關鍵。若要讓ＡＩ合成媒體的傳播及分享有規則可循，並提高大眾對合成媒體濫用的警覺，此刻正是訂定標準的絕佳時機。

## 第二步：防堵

對資訊末日有所了解後，我們就能對其進行防堵。

**準確的資訊**：防堵資訊末日的第一道防線，是要確保我們能取得正確的資訊。武漢肺炎疫情已經證實了這是一件攸關性命的事。現在，我們更應該支持有信譽的媒體及事實查核機構。目前，全球相關組織已經有數十個。其中，在美國的組織包括二〇〇八年美國總統大選期間因事實查核獲得普立茲獎的「PoltiFact」、Snopes網站以及美聯社的「AP Fact Check」。歐洲方面也有三個值得關注的組織，分別是法新社的「Agence Presse France Fact Check」、「FullFact」以及BBC的「Reality Check」。

上述之外，還有其他新成立的機構，致力於調查不實資訊、以及不實資訊在資訊末日下引發的資訊戰。其中之一，就是利用公開情報進行事實查核而享譽全球的團體「BellingCat」。①該團體由艾略特・希金斯（Eliot Higgins）創立，因揭露俄羅斯軍隊正是MH－17航班失事的幕後黑手而打響知名度。

目前也有這樣的工具，可以保障我們在閱讀新聞時不受錯誤和不實資訊影響。「NewsGuard」就是一例。這間公司設計了一項瀏覽器擴充功能，可以告訴我們新聞的可信度。每月支付二・九五美元費用，NewsGuard的產品就能提供超過四千個新聞及資訊網站的可信度數據。數據不使用演算法，而是由媒體從業人士評比。

NewsGuard能告訴你網站背後的經營者、資金來源，以及內容是否可信。[2]同時，NewsGuard也提供了很棒的資源——免費的每月電子報〈不實資訊監測器〉（Misinformation Monitor）。[3]此外，有更多研究可以協助我們在資訊末日下找到更可靠的新聞來源，例如「初稿新聞」（First Draft News）。初稿新聞於二〇一五年成立，對記者和學術研究人員提供訓練課程及一系列的「新手指南」（Essential Guides series）。[4]同時，初稿新聞也與推動合理使用AI技術的「人工智慧技術合作組織」（Partnership on AI）合作，共同研究如何替未來新型態的合成媒體進行分類。一般認為，將作假內容標記為「造假」是一種簡便的解決方法，但這樣做是否妥當，仍有待證實；例如，是否可能導致預期外的效果，反而使惡質資訊更為流行？[5]透過牛津大學的路透新聞學研究所（Reuters Institute for the Study of Journalism）[6]、美國杜克大學記者實驗室（Duke Reporters' Lab）[7]以及哈佛大學尼曼新聞研究室（Nieman Journalism Lab）[8]，學術界也正努力研究如何讓新聞產業在腐化的資訊生態系統中，既能維持嚴謹、也能跟上時代。

人類很難抵抗心理學家所謂的「真相錯覺」（illusory truth）。這是指人接觸一件事的時間愈久，他／她就會傾向相信這件事是真的，即使並非如此。為了對抗認知偏誤，我們必須盡快揭穿謊言、並加強「這是謊言」的印象。定期查閱上述組織所提供的資源，就是對抗資訊末日的第一步。我們對錯誤和不實資訊的了解越深，就更能有效預防。這代表我們必須從政治光譜的各個角度，觀察劣質造假與深度造假如何被濫用。我們都應該盡到自己的責任；愈常接觸可靠的消息來源，就愈能保護自己、保護我們的社群以及整個社會。

**技術工具**：防堵行動的第二道防線，就是善用「立意良好」的技術工具。科技只是人心的傳聲筒，因此可以用於作惡、也能用於為善。二〇一七年底，我第一次接觸深度造假時，正與「Faculty」公司合作。那是一間位於倫敦的人工智慧公司。Faculty公司曾為英國政府打造AI軟體，協助偵測伊斯蘭國（ISIS）的政治宣傳影片。[9]方法是以伊斯蘭國的政治宣傳影片訓練機器學習系統，直到AI能夠「辨識」影片的指標元素；一旦這類影片出現在網路上，就能立刻偵測出來。[10]

我們與Faculty公司合作，是希望能以同樣的原理偵測深度造假——也就是打造一個能夠自動辨識深度造假內容的機器學習系統。當時，「偵測」深度造假仍是相對未知的領域。在這個領域，我們只知道有另一個正式的計畫，由美國軍方情報機構「國防先進研究計劃署」（Defense Advanced Research Projects Agency，簡稱DARPA）執行。其媒體鑑識計畫「MediFor」*致力於打造一個能夠「自動偵測媒體編輯」並「分析編輯手法」的平台。⑪

此後，深度造假偵測領域亦有顯著進步。二〇一八年，我們面對的主要問題之一，就是沒有足夠的訓練數據來打造偵測器（為了打造能偵測深度造假的AI，需要大量的深度造假內容來訓練機器學習系統）。在那之後，大型科技公司也協助開拓了這個領域，向其他AI研究人員提供資金及訓練數據，讓他們能夠訓練自己的模型。二〇二〇年初，臉書、亞馬遜、微軟以及人工智慧技術合作組織，共同舉辦了深度造假偵測工具公開競賽——「深度造假偵測挑戰」，獲勝者將贏得五十萬美元獎金。⑫而Google旗下的非營利公司「Jigsaw」也在開發對抗不實資訊的整合服務，包括類似「MediFor」，使用新偵測技術來查核事實、辨識媒體編輯的「Assembler」平台。⑬不

* 編按：Media Forensics的縮寫，直譯即為「媒體鑑識」。

少企業都在自行研發偵測技術——例如DeepTrace公司；另一項重要貢獻則來自AI基金會（The AI Foundation）所開發的一套偵測軟體——「Reality Defender」。

合成媒體的品質愈來愈高，人類已無法辨識深度造假，因此有必要投資開發AI偵測工具。然而，這麼做也有陷阱。偵測深度造假就像不斷進化的貓抓老鼠遊戲。一旦AI偵測工具變得更強大，深度造假也會更高明。理論上，合成媒體的產物可能會變得毫無破綻、根本無法偵測出來。但我們究竟會不會走向那一步，目前仍是未知數。

除了「偵測」，「來源」也是技術人員的研究目標，也就是驗證媒體的真實性。第四章曾經提到的人權組織「WITNESS」開發了應用程式「驗證模式」（ProofMode），在拍攝當下對媒體內容的真實性進行驗證。對WITNESS來說，這是一項不可或缺的工具，讓人權工作者能在世界各個危險的角落，忠實記錄侵犯人權的行為。另外，我還採訪了「TruePic」公司，他們也研發了類似的工具。這項工具使用專利的「拍攝管理」軟體，驗證照片、影片的來源與元資料（metadata）。TruePic公司的戰略指標副總裁穆尼爾・艾布拉辛（Mounir Ibrahim）告訴我，這項工具對私人企業尤其重要，例如保險業。如果缺乏技術來驗證理賠請求的真實性，保險業將會因為層出不窮的造假影像詐保行為而崩潰。穆尼爾表示，TruePic正計劃開發硬體工具，希望能進一步，在更接近拍攝的時間點驗證媒體的真實性（將驗證工具植入行動電話後所拍攝的內容，都將以永久、獨特的標記顯示影片拍攝的時間與地點）。

紐約大學坦登工程學院（New York University Tandon School of Engineering）也有一個概念相近的計畫：嘗試直接在相機中嵌入硬體，為每張照片的編碼埋下浮水印，而後鑑識人員就能藉此辨識照片的真偽。在IBM資助之下，《紐約時報》的「新聞來源計畫」（News Provenance Project）與出版商及平台合作，發展各種能表明網路影像內容來源的方式。[14]其中一項計畫是以區塊鍊作為有效的安全保護措施，驗證照片來源，以防遭移花接木而成為劣質造假的產物。[15]AI研究也有助於鞏固這道防線。華盛頓大學、史丹佛大學、麻省理工學院、卡內基梅隆大學、南加州大學以及慕尼黑工業大學都有類似的研究計畫。

**社會回應**：透過公共政策，針對資訊末日進行更全面的社會回應，可能是目前最不受重視、也最複雜的一道防線。部分原因是隨著社會進步，對於安全、自由及隱私權的取捨，我們必須要有更健全的討論。核心問題在於誰有權力決定資訊的好壞、又該如何公正判斷？最重要的是適度取得平衡，但這對西方民主國家尤其困難。在錯誤、不實資訊引發的威脅下，言論和資訊自由也逐漸難以維持。

川普總統槓上推特的例子，就能說明這件事有多複雜。二〇二〇年五月，推特首次在川普總統的推文加註警示，將其標示為「誤導資訊」；川普則立刻抬出了美國憲法第一修正案所保障的言論自由。引發爭議的推文內容，我曾在第三章提過：川普認為通訊投票會造成「不誠實的選舉」和誘導投票。客觀而言，川普的說法確實會造成誤導。在美國的選舉歷史中，這類騙票行為發生的機率非常低，更不用說是由民主黨動員的大規模舞弊了。

憲法學者認為推特公司並未侵害美國憲法第一修正案所保障的權利，也有權這麼做。第一，憲法第一修正案保障私人企業不受政府干預，推特可以自行制定條款和政策，不受總統指揮。第二，由於推特並未對川普的帳號停權、或移除推文，只是加上標記並以連結提供更多資訊，這屬於受保障的「反制言論」（counterspeech）。然而，這並未阻止川普簽署行政命令；他宣稱這是為了「對抗美國歷史上最重大的一次言論自由危機。」[16]法律學者認為，川普創造了一個危險的法律先例，向民間企業施壓，讓他發表的內容獲得特殊待遇。[17]即使內容顯然有誤（以這個例子來看），推特的標記政策仍被視為黨派問題。一項民調顯示，百分之七十七的共和黨支持者認同川普一再而再、毫無根據的指控；這些支持者認為大型科技公司刻意打壓保守觀點、也因此妨害了言論自由。

我們不該繼續假裝有簡單的對策，能抵擋資訊末日。眼下的挑戰非常艱難；為了拆解某些重要的問題，相關任務已在進行。有許多組織投入了這個領域，例如電子前哨基金會（Electronic Frontier Foundation）、國際線上倡議社群「Avaaz」、美國筆會（PEN America）、人權倡議組織「Access Now」以及「WITNESS」的行動者。其他機構，例如人性科技中心（Center for Humane Technology），則從消費者權益的角度著手，和監管機構與其他科技公司合作，檢驗大型科技平台的商業模式是否助長了「網路成癮、政治極端主義及不實資訊」。而其他組織，包括美國智庫「大西洋理事會」（Atlantic Council）設立的「Disinfo Portal」網站*，以及歐盟的「假新聞與網路不實資訊高級專家小組」（High-Level Expert Group on Fake News and Online Disinformation），則把目標放在建立有效的方法，以對抗外國勢力攻擊。若想了解俄羅斯的不實資訊行動，就不能不提到「EUvsDinfo」網站。而學術界對這個領域也有諸多貢獻，特別是史丹佛大學的網路觀測計畫及網路政策中心（Cyber Policy Center）、哈佛大學的資訊失序實驗室（Information Disorder Lab）、牛津大學網路研究所（Oxford Internet Institute）以及德州大學的媒體參與中心（Center for Media Engagement）。

## 第三步：反擊

對抗「混亂的反烏托邦」的最後一塊拼圖，就是「反擊」：先發制人，而非被動回應。當然，沒有人能夠獨力面對這項挑戰。我們需要願意主動站出來的盟友。以俄羅斯在迦納進行的「雙重騙局」行動為例，就是由CNN、Graphika、臉書及推特聯手揭發。比起暫時性的計畫，若有更長遠的架構來增強合作關係，對這類聯盟會更有

＊編按：「Disinfo Portal」是一個互動式網站，針對俄羅斯所發動的不實資訊戰提供線上指南。

利。

我曾與「DeepTrust Alliance」組織有過接觸，他們的創立宗旨正是要建立像這樣的聯盟。[18]該組織的創辦人暨執行長凱瑟琳・哈里森（Kathryn Harrison）告訴我，在IBM多年的經驗讓她體會到，要解決不實資訊和深度造假這類複雜的問題，需要政策、科技和商界的合作。

凱瑟琳坦承合作的難度很高。「一般來說，人不見得能合作愉快，（所以）想讓所有人團結起來、形成共識，其實很難。」但她的目標就是「連結每個節點」。[19]雖然進展緩慢、一開始的成果也不大，凱瑟琳仍相信一切都值得。她笑著補充：「我很樂觀。如果我不是這種個性，就不會從事這樣的工作（中略）假如我們的志向遠大，就要對過程中的進步感到開心。」

凱瑟琳是對的。我們必須連結每個節點；即使進展有限，也是個好的開始。提到對資訊末日的主動出擊，我們已看到一些讓人滿懷希望的先例。以人口只有一百三十萬的波羅的海小國愛沙尼亞為例，該國過去一直是蘇聯資訊戰的攻擊目標，也因此學會了如何反擊。經過蘇聯五十年的占領，愛沙尼亞在一九九一年獨立時，立刻與美國結盟、加入NATO，迅速脫離莫斯科的掌控。然而，即使在蘇聯解體後，俄羅斯仍將愛沙尼亞視為其附庸國。

二〇〇七年，愛沙尼亞政府決定拆除位於首都塔林的「蘇聯紅軍銅像」——一座為二戰中喪命的蘇聯士兵所設立的紀念碑。克里姆林宮表達譴責，但愛沙尼亞政府不為所動。不久，愛沙尼亞的政府、媒體和銀行業紛紛遭受網路惡意攻擊，過程持續超過三週。俄羅斯否認涉入，但愛沙尼亞政府很肯定攻擊就是來自莫斯科，這是為了報復愛沙尼亞政府對銅像的處置。

塔林政府並未因此被擊潰，而是記取這次教訓，增強防衛並加以反擊。塔林採取了全民參與的社會級對策。首先，塔林評估俄羅斯下次攻擊的目標，啟動預警系統，透過公眾論述（national discourse）揭發來自俄羅斯的不實資訊——例如負責在網路上監控俄羅斯不實資訊的志工團體「波羅的海小精靈」（Baltic Elves）。第二，由一群志願的資訊科技人員及不實資訊專家組成「網路防禦聯盟」，透過分享威脅資訊，讓民眾對網路攻擊預作準備，以建立數位防線。時至今日，愛沙尼亞已經是全世界數位化程度最高的國家之一，百分之九十九的公共服務透過網路進行、將近三分之一的公民直接在網路上投票，並且已能阻絕俄羅斯的網路攻擊。第三，愛沙尼亞動員了整個社會一起對抗威脅。二〇一〇年，愛沙尼亞開始實施一項國家級的長期防禦新政，強調「心理防禦」，並定調為「發展、保存與維護有關社會凝聚力及安全感的共同價值。」[20]

我採訪了「Sentinel」的創辦人暨執行長約翰尼斯・坦米肯德（Johannes Tammekänd）。該團體致力於網路安全、人工智慧及公共政策，與愛沙尼亞政府合作處理逐漸現形的深度造假威脅。當我們討論到愛沙尼亞為何在面對俄羅斯不實資訊攻擊時有如此優異的表現，約翰尼斯將成果歸功於「多層次」的防禦措施。「要像中世紀的堡壘一樣，」他解釋：「首先是護城河，然後是外牆，接著才是內牆。」愛沙尼亞善於將節點連結起來，方法就是透過強化國內合作，並在北大西洋公約組織的盟友協助下，提高警覺、加強防禦。如同約翰尼斯所說：「有時你能騙過一些人，但你無法欺騙所有人一輩子。」最後，約翰尼斯認為，是否要生活在腐化的資訊生態系統中，是社會必須面對的問題。愛沙尼亞的防禦正是建立在這樣的前提下：一旦社會發覺自身面臨的危險，給出的答案將是否定的。他們「知道下場」，並且全力反擊。

## 未來展望

我們正邁入人類發展的新紀元，人類的溝通方式也正大幅改變。而衍生的副作用之一即是，我們都處於愈來愈危險、不可信的資訊生態系統之中。然而，一切還有希望。對抗資訊末日的力量正在集結、也日益強大；除了幫助我們理解威脅，也持續發展解決方法，並建立能保護所有人的聯盟。不過，這些人也需要我們的協助。每個人都能盡一分心力，分享知識、建立防禦措施並反擊。時間就是關鍵。如果你不想眼睜睜看著「混亂的反烏托邦」成為無法改變的現實，現在就挺身而出吧。留意自己分享的資訊、記得查證來源；如果搞錯了，就糾正自己。對自己的政治偏見有所警覺；保持懷疑心態，但不要太過悲觀。如果你想了解更多，可以從本書最後列出的參考資料開始。現在正是所有盟友集結的時刻。就像愛沙尼亞反擊俄羅斯一樣，我們還有機會對資訊末日說「不」。

# 致謝

ACKNOWLEDGEMENTS

本書原已構思多年，但和出版社從簽約到交稿，卻是在極短時間內完成的。Octopus出版社發行人Jake Linwood是在今年一月份才邀請我撰寫一本關於「深度造假」的書。在此，我要特別感謝Jake及其編輯團隊，包括與我並肩作戰、飛速完成此書的Alex Stetter。同時感謝我在Northbank Talent的經紀人Martin Redfern，一年多來，他始終耐心地和我一起發展這本書的架構。而在決定寫書後，即使我常在匆促間提出邀約，仍有許多專家學者慷慨地答應受訪，抽空與我分享想法，在此一併致上謝意。書中提及了許多人士的大名，而沒有提到的人，我也要藉此機會鄭重感謝各位與我暢談，你們的參與，讓我的思考和觀察更臻完善。

最後，由於我主要利用二〇二〇年春天到初夏的隔離期間寫作，如果沒有我的「家庭團隊」支援，這本書就不可能完成。Agnes就是其中一員，總是不遺餘力地幫我照顧寶寶。而我虧欠最多的人，則是另一半James。他不僅在我全力趕書的那幾個月裡一肩扛起家務，在我構思的過程中也是不可或缺的存在。這本書的內容，都經過睿智James的認可。

妮娜、敘克

二〇二〇年六月

# 參考資源

# RESOURCES

為方便讀者查詢，在此保留國外網站、組織或機構的原名和網址。

| 國外事實查核組織 | |
|---|---|
| 事實查核組織 | |
| 名稱 | 網址 |
| APF Fact Check | factcheck.afp.com |
| AP Fact | apnews.com/APFactCheck |
| BBC Reality Check | bbc.co.uk/news/reality_check |
| FullFact | fullfact.org |
| Politfact | politifact.com |
| Snopes | snopes.com |
| 媒體來源查核 | |
| 名稱 | 網址 |
| Content Authenticity Initiative (Adobe) | contentauthenticity.org |

（續上頁）

| | |
|---|---|
| Digimac | digimap.edina.ac.uk |
| News Provenance Project | newsprovenanceproject.com |
| Pressland | pressland.com |
| 不實資訊偵測及防範 | |
| 名稱 | 網址 |
| Amped | ampedsoftware.com |
| AI Foundation | aifoundation.com |
| Bellingcat | bellingcat.com |
| DARPA | darpa.mil |
| EUvsDisinfo | euvsdisinfo.eu |
| The Citizen Lab at the University of Toronto | citizenlab.ca |
| DeepTrace | deeptracelabs.com |
| Jigsaw | jigsaw.google.com |
| NewsGuard | newsguardtech.com |
| Truepic | truepic.com |
| 社群媒體分析 | |
| 名稱 | 網址 |
| Botswatch | botswatch.io |
| Dataminr | dataminr.com |

（續上頁）

| | |
|---|---|
| Graphika | graphika.com |
| Storyful | storyful.com |
| **典範實務（媒體方面）** | |
| 名稱 | 網址 |
| Duke Reporters' Lab | reporterslab.org |
| Credibility Coalition | credibilitycoalition.org |
| First Draft News | firstdraftnews.org |
| News Literacy Project | newslit.org |
| News Integrity Initiative<br>Newmark School of Journalism, The City University of New York | journalism.cuny.edu/centers/tow-knight-centerentrepreneurial-journalism/news-integrity-initiative/ |
| Nieman Lab<br>Harvard University | niemanlab.org |
| Partnership on AI | partnershiponai.org |
| Reuters Institute | reutersinstitute.politics.ox.ac.uk |
| **政策／社會** | |
| 名稱 | 網址 |
| Access Now | accessnow.org |
| Alliance for Securing Democracy | securingdemocracy.gmfus.org |
| Anti-Defamation League | adl.org |

（續上頁）

| | |
|---|---|
| Center for Humane Technology | humanetech.com/problem/ |
| Center for Media Engagement<br>Moody College of Communication, University of Texas at Austin | mediaengagement.org/ |
| Cyber Policy Center<br>Stanford University | cyber.fsi.stanford.edu |
| Data and Society<br>Disinformation Action Lab | datasociety.net/research/disinformation-action-lab/ |
| DeepTrust Alliance | deeptrustalliance.org |
| Digital Forensics Research Lab and DisinfoPortal<br>Atlantic Council | atlanticcouncil.org/programs/digitalforensic-research-lab/ |
| Electronic Frontier Foundation | eff.org |
| Information Disorder Lab<br>Shorenstein Centre, Harvard University | shorensteincenter.org/about-us/areas-offocus/misinformation/ |
| Internet Observatory<br>Stanford University | cyber.fsi.stanford.edu/io/content/io-landing-page-2 |
| OpenAI | openai.com |
| PEN America | pen.org |
| Partnership on AI | partnernshiponai.org |

（續上頁）

| | |
|---|---|
| The Truthiness Collaboration<br>Annenberg Innovation Lab, University of Southern California | annenberglab.com |
| Wikimedia | wikimedia.org |
| WITNESS | witness.org |

## 台灣事實查核相關平臺

| 名稱 | 網址 | LINE帳號 |
|---|---|---|
| 台灣事實查核中心 | https://tfc-taiwan.org.tw/ | @tfctaiwan |
| LINE訊息查證 | https://fact-checker.line.me/ | @linefactchecker |
| MyGoPen | https://www.mygopen.com/ | @mygopen<br>@fdp5120z（真人回覆） |
| 真的假的Cofacts | https://cofacts.g0v.tw/ | @cofacts |
| 蘭姆酒吐司 | https://www.rumtoast.com/ | @rumtoast |
| 心慌保全 | iorg.tw/ | — |

# 本書受訪者

INTERVIEWEES

| 姓名 | 職銜 | 任職單位 |
| --- | --- | --- |
| 亞歷山大・亞當（Alexander Adam） | 數據科學家 | Faculty |
| 安德魯・布里斯柯（Andrew Briscoe） | 歐洲、中東與非洲股票投資市場部銀行團主任 | 美銀美林集團（Bank of America Merrill Lynch） |
| 阿瑞克・邱德赫瑞（Areeq Chowdhury） | 主席 | 「Future Advocacy」智庫 |
| 凱希・牛頓（Casey Newton） | 記者（科技平台與民主專題） | The Verge網站 |
| 喬奇歐・派翠尼（Giorgio Patrini） | 創辦人暨執行長 | DeepTrace |
| 亨利・阿德傑（Henry Adjer） | 威脅情報部門主任 | DeepTrace |
| 珍妮佛・梅希卡（Jennifer Mercieca） | 溝通學系副教授 | 德州農工大學 |
| 約翰尼斯・坦米肯德（Johannes Tammekänd） | 執行長暨共同創辦人 | Sentinel |

（續上頁）

| | | |
|---|---|---|
| 約翰・吉普森<br>（John Gibson） | 首席商務長 | Faculty |
| 凱瑟琳・哈里森<br>（Kathryn Harrison） | 執行長暨創辦人 | DeepTrust Allliance |
| 馬修・費雷諾<br>（Matthew F. Ferrano） | 顧問 | Wilmerhale 國際法律事務所 |
| 穆尼爾・艾布拉辛<br>（Mounir Ibrahim） | 戰略指標副總裁 | TruePic |
| 珊曼莎・科爾<br>（Samantha Cole） | 記者 | 「主機板」網站 |
| 山姆・葛雷格里<br>（Sam Gregory） | 企畫總監 | 「見證」人權組織 |
| 芮妮・迪瑞斯塔<br>（Renée DiResta） | 技術研究經理 | 史丹佛大學網路觀測計畫 |
| 維克托・瑞普貝利<br>（Victor Riparbelli） | 共同創辦人暨執行長 | Synthesia |

# 註釋 ENDNOTES

## 導論　混亂的反烏托邦

① www.youtube.com/watch?time_continue=36&v=cQ54GDm1eL0&feature=emb_logo

② www.youtube.com/playlist?list=PLrRN0OLd8VZc0EOdyukjieeuhf1vFVPr_

③ www.bellingcat.com/news/uk-and-europe/2015/10/08/mh17-the-open-sourceevidence/

④ Intelligence and Security Committee of Parliament, *Annual Report, 2016–2017* (HMSO, 2017), p 52, 參見https://sites.google.com/a/independent.gov.uk/isc/files/2016-2017_ISC_AR.pdf?attredirects=1

⑤ Digital Forensic Research Lab, 'Question That: RT's Military Mission', https://medium.com/dfrlab/question-that-rts-military-mission-4c4bd9f72c88

⑥ Darrell Etherington, 'People now watch 1 billion hours of YouTube hours per day', techcrunch.com, 28 February 2017, https://techcrunch.com/2017/02/28/people-nowwatch-1-billion-hours-of-youtube-per-day/

⑦ 'More than 90%' of Russian airstrikes in Syria have not targeted Isis, US says', *The Guardian*, 7 October 2015, 參見：www.theguardian.com/world/2015/oct/07/russia-airstrikes-syria-not-targetting-isis

⑧ Lizzie Dearden, 'Russia and Syria "weaponizing" refugee crisis to destabilise Europe, Nato commando claims', *The Independent*, 3 March 2016, 參見：www.independent.co.uk/news/world/middle-east/russia-and-syria-weaponising-refugee-crisis-todestabilise-europe-nato-commander-claims-a6909241.html

⑨ Henri Neurendorf, 'Ai Weiwei commemorates drowned refugees with public installation during Berlin Film Festival', *artnet news*, 15 February 2016, https://news.artnet.com/art-world/ai-weiwei-life-jackets-installation-berlin-427247

⑩ Todd Bensen, 'What terrorist migration over European borders can teach about American border security', Report for the Center for Immigration Studies, 6 November 2019, 參見：https://cis.org/Report/Terrorist-Migration-Over-European-Borders

⑪ Stefan Meister, 'The "Lisa case": Germany as a target of Russian disinformation', *Nato Review*, 25 July 2016, www.nato.int/docu/review/articles/2016/07/25/the-lisa-casegermany-as-a-target-of-russian-disinformation/index.html

⑫ Ben Knight, 'Teenage girl admits making up migrant rape claim that outraged Germany', *The Guardian*, 31 January 2016, 參見：www.theguardian.com/world/2016/jan/31/teenage-girl-made-up-migrant-claim-thatcaused-uproar-in-germany

⑬ Adrienne Klasa, Valerie Hopkins, Guy Chazan, Henry Foy and Miles Johnson, 'Russia's long arm reaches to the right in Europe', *Financial Times*, 23 May 2019, 參見：www.ft.com/content/48c4bfa6-7ca2-11e9-81d2-f785092ab560

⑭ BBC News, 'Russian hackers "target" presidential candidate Macron', www.bbc.co.uk/news/technology-39705062

⑮ www.voteleavetakecontrol.org/briefing_immigration.htm

## 1 深度造假的引爆點：Reddit子論壇「r/deepfakes」

① Michael Waters, 'The great lengths taken to make Abraham Lincoln look good in portraits', *Atlas Obscura*, 12 July 2017, www.atlasobscura.com/articles/abrahamlincoln-photos-edited

② Peter Eaves, 'Traces of human tragedy: the David King collection', Tate Research Feature, July 2018, www.tate.org.uk/research/features/human-tragedy-david-king-collection

③ 同上。

④ Eryn J Newman等人, 'Truthiness and falsiness of trivia claims depend on judgmental contexts' https://publications.aston.ac.uk/id/eprint/25450/1/Truthiness_and_falsiness_of_trivia_claims_depend_on_judgmental_contexts.pdf

⑤ Chris Evangelista, 'Martin Scorsese is obsessing over the "youthification" CGI in "The Irishman"', www.slashfilm.com/the-irishman-cgi/

⑥ Matt Miller, 'Some deepfaker on YouTube spent seven days fixing the shitty de-aging in *The Irishman*', *Esquire*, 7 January 2020, 參見：www.esquire.com/entertainment/movies/a30432647/deepfake-youtube-video-fixes-the-irishman-de-aging/

⑦ www.youtube.com/watch?time_continue=238&v=dyRvbFhknRc&feature=emb_logo

⑧ Samantha Cole, 'AI-assisted fake porn is here and we're all fucked', vice.com, 11 December 2017, www.vice.com/en_us/article/gydydm/gal-gadot-fake-ai-porn

⑨ www.youtube.com/watch?v=FqzE6NOTM0g

⑩ www.youtube.com/watch?v=2svOtXaD3gg&t=194s

⑪ www.youtube.com/watch?v=_OqMkZNHWPo&feature=emb_title

⑫ Giorgio Patrini, 'Mapping the deepfake landscape', deeptracelabs.com, 7 October 2019, https://deeptracelabs.com/mapping-the-deepfake-landscape/

⑬ www.adultdeepfakes.com

⑭ Drew Harwell, 'Scarlett Johansson on fake AI-generated sex videos: "Nothing can stop someone from cutting and pasting my image"', *Washington Post*, 31 December 2018, 參見：www.washingtonpost.com/technology/2018/12/31/scarlett-johansson-fakeai-generated-sex-videos-nothing-can-stop-someone-cutting-pasting-my-image/

⑮ www.youtube.com/watch?v=BxlPCLRfk8U

⑯ 'AI creates fashion models with custom outfits and poses', *Synced*, 29 August 2019, https://syncedreview.com/2019/08/29/ai-creates-fashion-models-with-custom-outfitsand-poses/

⑰ www.youtube.com/watch?v=FzOVqClci_s

⑱ Tiffany Hsu, 'An ESPN commercial hints at advertising's deepfake future', *The New York Times*, 22 April 2020, 參見：www.nytimes.com/2020/04/22/business/media/espnkenny-mayne-state-farm-commercial.html

## 2 俄羅斯：資訊戰大師

① www.youtube.com/watch?v=bX3EZCVj2XA

② Charles Dervarics, 'Conspiracy beliefs may be hindering HIV prevention among African Americans', prb.org, 1 February 2005, www.prb.org/conspiracybeliefsmaybehinderinghivpreventionamongafricanamericans/

③ Reuters, 'Factbox: U.S. intel report on Russian cyber attacks in 2016 election', 6 January 2016, www.reuters.com/article/us-usa-russia-cyber-intel-factbox/factbox-u-s-intelreport-on-russian-cyber-attacks-in-2016-election-idUSKBN14Q2HH

④ 同上。

⑤ Special Counsel Robert S Mueller, III, *Report on the Investigation Into Russian Interference in the 2016 Presidential Election* , vol. 1 (U.S. Department of Justice, 2019), 參見：www.justice.gov/storage/report.pdf

⑥ 同上，p 14。

⑦ 同上，p 24–5。

⑧ Department of Defense and Joint Chief of Staff, *Russian Strategic Intentions*, A

Strategic Multilayer Assessment (SMA) White Paper, May 2019, 參見：www.politico.com/f/?id=0000016b-a5a1-d241-adff-fdf908e00001

⑨ https://intelligence.house.gov/social-media-content/social-media-advertisements.htm

⑩ Politico Staff, 'The social media ads Russia wanted Americans to see', *Politico*, 1 November 2017, www.politico.com/story/2017/11/01/social-media-ads-russia-wantedamericans-to-see-244423

⑪ Mueller, *Report on the Investigation into Russian Interference in the 2016 Presidential Election*, p 29.

⑫ 同上，p 31。

⑬ Ali Breland, 'Thousands attended protest organized by Russians on Facebook', *The Hill*, 31 October 2017, https://thehill.com/policy/technology/358025-thousandsattended-protest-organized-by-russians-on-facebook

⑭ http://web.archive.org/web/20161113035441/https:/www.facebook.com/events/535931469910916/

⑮ Sam Harris, '#145–The information war; A Conversation with Renee iResta', podcast, 2 January 2019, https://samharris.org/podcasts/145-information-war/

⑯ Josh Hafner, 'Army of Jesus'? How Russia messed with Americans online, *USA Today*, 15 December 2019, 參見：https://eu.usatoday.com/story/news/politics/onpolitics/2017/11/01/onpolitics-today-army-jesus-how-russia-messed-americans-online/823842001/

⑰ 同上。

⑱ Joan Donavan, 'How memes got weaponized: a short history', *MIT Technology Review*, 24 October 2019, 參見：www.technologyreview.com/s/614572/political-warmemes-disinformation/

⑲ Philip N Howard, Bharath Ganesh, Dimitra Liotsiou, John Kelly and Camille François. 'The IRA, Social media and political polarization in the United States, 2012–2018', Working Paper 2018.2. Oxford, UK: Project on Computational Propaganda. comprop.oii.ox.ac.uk

⑳ https://graphika.com/uploads/Graphika_Report_IRA_in_Ghana_Double_Deceit.pdf

㉑ 同上。

㉒ 同上。

㉓ 同上。

㉔ 同上。

㉕ Howard等, 'The IRA, social media and political polarization in the United States, 2012–2018'.

㉖ Bryan Bender, 'Russia beating U.S. in race for global influence, Pentagon study says', *Politico*, 30 June 2019, 參見 www.politico.com/story/2019/06/30/pentagonrussia-influence-putin-trump-1535243?nname=playbook&nid=0000014f-1646-d88fa1cf-5f46b7bd0000&nrid=0000016a-d0df-db42-ad6e-fedfc07f0000&nlid=630318

㉗ Andrew Desiderio and Kyle Cheney, 'Mueller refutes Trump's "no collusion, no obstruction" line', politico.eu, 24 July 2019, www.politico.eu/article/mueller-refutestrumps-no-collusion-no-obstruction-line/

㉘ www.youtube.com/watch?v=LiaMludqL1A

㉙ Bryan Bender, 'Russia beating U.S. in race for global influence, Pentagon study says', 參見註釋㉖

㉚ Samantha Bradshaw and Philip N Howard, 'The global disinformation order:

2019 global inventory of organised social media manipulation', Working Paper 2019.3. Oxford, UK: Project on Computational Propaganda. comprop.oii.ox.ac.uk

㉛ Jacon N Shapiro, 'Trends in online foreign influence efforts', *Empirical Studies of Conflict*, 2019, 參見https://esoc.princeton.edu/files/trends-online-foreign-influence-efforts

## 3 西方世界：內部威脅

① Freedom House, *Freedom in the World 2020*, https://freedomhouse.org/report/freedom-world/2020/leaderless-struggle-democracy

② www.allianceofdemocracies.org/wp-content/uploads/2018/06/Democracy-Perception-Index-2018-1.pdf

③ Meghan Keneally, 'Donald Trump's history of raising birther questions about President Obama', ABC News, 18 September 2015, https://abcnews.go.com/Politics/donald-trumps-history-raising-birther-questions-president-obama/story?id=33861832

④ Glenn Kessler and Scott Clement, 'Trump routinely says things that aren't true.

Few Americans believe him', *Washington* Post, 14 December 2018, 參見：www.washingtonpost.com/graphics/2018/politics/political-knowledge-poll-trump-falsehoods/

⑤ 'Public trust in government, 1958–2019', Pew Research Center, 11 April 2019, www.people-press.org/2019/04/11/public-trust-in-government-1958-2019/

⑥ 出自川普二〇一五年爭取總統候選人提名之演說：講稿全文參見：https://time.com/3923128/donald-trump-announcement-speech/

⑦ www.kff.org/coronavirus-covid-19/report/kff-health-tracking-poll-may-2020/

⑧ Michael M Grynbaum, ' Trump's briefings are a ratings hit. Should networks cover them live?', *The New York Times*, 25 Match 2020, 參見：www.nytimes.com/2020/03/25/business/media/trump-coronavirus-briefings-ratings.html

⑨ Mathias Lufkens, 'Hillary Clinton v Donald Trump: who's winning on Twitter?', weforum.com, 2 August 2016, www.weforum.org/agenda/2016/08/hillary-clinton-or-donaldtrump-winning-on-twitter/

⑩ https://twitter.com/realdonaldtrump/status/949618475877765120?lang=en

⑪ https://twitter.com/realdonaldtrump/status/1021234525626609666?lang=en

⑫ Manuela Tobias, 'Fact-checking distorted video Sarah Sanders used to bar a CNN White House reporter', *Politifact*, 8 November 2018, www.politifact.com/article/2018/nov/08/fact-checking-misleading-video-sarah-sanders-used-/

⑬ Joanna Walters, 'Jim Acosta: White House backs down in fight over CNN reporter's pass', *The Guardian*, 19 November 2018, 參見：www.theguardian.com/media/2018/nov/19/jim-acosta-white-house-press-pass-trump-administration-suspend-letter

⑭ Makena Kelly, 'Trump tests disinformation policies with new Pelosi video', *The Verge*, 7 February 2020, www.theverge.com/2020/2/7/21128317/nancy-pelosidonald-trump-disinformation-policy-video-state-of-the-untion

⑮ Fact Check 17856, 'The Fact Checker's ongoing database of the false or misleading claims made by President Trump since assuming office', *Washington* Post, 29 May 2020, 參見：http://wapo.st/trumpclaimsdb?claim=18486

⑯ https://twitter.com/SilERabbit/status/1254551597465518082?s=20

⑰ Katherine Schaeffer, 'Far more Americans see "very strong" partisan conflicts now than in the last two presidential election years', *Facttank*, 4 March 2020, www.pewresearch.org/fact-tank/2020/03/04/far-more-americans-see-verystrong-partisan-conflicts-nowthan-in-the-last-two-presidential-election-years/

⑱ Jennifer Mercieca, *Demagogue for President: The Rhetorical Genius of Donald Trump* (Texas A&M University Press, 2020).

⑲ Shayanne Gal and Mariana Alfaro, '30 of Trump's most famous quotes since becoming president', *Business Insider*, 11 January 2019, 參見：www.businessinsider.com/trump-quotes-since-becoming-president-2018-6?r=US&IR=T

⑳ Fact Check 17639, 'The Fact Checker's ongoing database of the false or misleading claims made by President Trump since assuming office', *Washington* Post, 29 May 2020, 參見：http://wapo.st/trumpclaimsdb?claim=17939

㉑ https://twitter.com/realDonaldTrump/status/1265011145879977985

㉒ https://twitter.com/realDonaldTrump/status/1265608389905784834

㉓ Oliver Darcy, 'Trump viciously attacks NBC News reporter in extended rant after being asked for message to Americans worried about coronavirus', CNN News, 21 March 2020, https://edition.cnn.com/2020/03/20/media/trump-rant-at-nbc-news-peteralexander/index.html

㉔ Morgan Chalfant, 'White House defends Trump's "human scum" remark', *The Hill*, 24 October 2019, https://thehill.com/homenews/administration/467260-white-housedefends-trumps-human-scum-remark

㉕ 'George Floyd death homicide, official post-mortem declares', BBC News, 2 June 2020, www.bbc.co.uk/news/world-us-canada-52886593

㉖ Monica Rhor, 'Rhor: George Floyd's last words speak truth of black life in America. Are we listening?' *Houston Chronicle*, 28 May 2020, 參見：www.houstonchronicle.com/opinion/outlook/article/Rhor-Floyd-s-last-words-speak-truth-of-black-15302050.php

㉗ https://twitter.com/joshscampbell/status/1266805337652449283

㉘ https://twitter.com/realDonaldTrump/status/1266914470066036736?s=20

㉙ Michael S. Rosenwald,' "When the looting starts, the shooting starts": Trump quotes Miami police chief's notorious 1967 warning', *Washington Post*, 29 May 2020, 參見：www.washingtonpost.com/history/2020/05/29/when-the-looting-starts-the-shootingstarts-trump-walter-headley/

㉚ https://twitter.com/realDonaldTrump/status/1266711223657205763

㉛ https://twitter.com/realDonaldTrump/status/1266799941273350145

㉜ https://twitter.com/realDonaldTrump/status/1266799941273350145

㉝ Matt Zapotosky, 'Trump threatens military action to quell protests, and the law would let him do it', *Washington* Post, 2 June 2020, 參見：www.washingtonpost.com/national-security/can-trump-use-military-to-stop-protests-insurrection-act/2020/06/01/c3724380-a46b-11ea-b473-04905b1af82b_story.html

㉞ 同上。

㉟ Craig Timberg, Tony Romm, Aaron C. Davis and Elizabeth Dwoskin, 'Secret campaign to use Russian-inspired tactics in 2017 Ala. Election stirs anxiety for Democrats', *Washington Post*, 6 June 2019, 參見：www.washingtonpost.com/business/technology/secretcampaign-to-use-russian-inspired-tactics-in-2017-alabama-election-stirs-anxiety-fordemocrats/2019/01/06/58803f26-0400-11e9-8186-4ec26a485713_story.html

㊱ http://www.newsguardtech.com/misinformation-monitor-may-2020/

㊲ https://projects.fivethirtyeight.com/polls/

## 4 全球資訊失序：亞洲、非洲和拉丁美洲

① www.statista.com/statistics/883751/myanmar-social-media-penetration/

② Timothy McLaughlin, 'How Facebook's rise fueled chaos and confusion in Myanmar', *Wired*, 7 June 2018, 參見：www.wired.com/story/how-facebooks-rise-fueledchaos-and-confusion-in-myanmar/

③ www.hrw.org/tag/rohingya-crisis

④ Julia Carrie Wong, '"Overreacting to failure": Facebook's new Myanmar strategy baffles local activists', *The Guardian*, 7 February 2019, 參見：www.theguardian.com/technology/2019/feb/07/facebook-myanmar-genocide-violence-hate-speech

⑤ Elyse Samuels, 'How misinformation on WhatsApp led to a mob killing in India', *Washington Post*, 21 February 2020, 參見：www.washingtonpost.com/politics/2020/02/21/how-misinformation-whatsapp-led-deathly-mob-lynching-india/

⑥ www.witness.org/witness-deepfakes-prepare-yourself-now-report-launched/

⑦ Corin Faife, 'In Africa, fear of state violence informs deepfake threat', WITNESS blog, 9 December 2019, https://blog.witness.org/2019/12/africa-fear-state-violence-informs-deepfake-threat/

⑧ Rana Ayyub, *Gujarat Files: Anatomy of a Cover-up* (CreateSpace, 2016).

⑨ www.theguardian.com/commentisfree/2012/mar/14/new-india-gujarat-massacre

⑩ Rana Ayyub, 'I was the victim of a deepfake porn plot intended to silence me', blog, *HuffPost*, UK Edition, www.huffingtonpost.co.uk/entry/deepfake-porn_uk_5bf2c126e4b-0f32bd58ba316

⑪ 同上。

⑫ 同上。

⑬ Leanne de Bassompierre, 'Gabon's President Bongo had a stroke, AFP says, citing Moussavou', bloomberg.com, 9 December 2018, www.bloomberg.com/news/articles/2018-12-09/gabon-s-president-bongo-had-a-stroke-afp-says-citing-moussavou

⑭ www.youtube.com/watch?v=F5vzKs4z1dc

⑮ Sarah Cahian, 'How misinformation helped spark an attempted coup in Gabon',

*Washington Post*, 13 February 2020, 參見：www.washingtonpost.com/politics/2020/02/13/how-sick-president-suspect-video-helped-sparked-an-attemptedcoup-gabon/

⑯ Ali Breland, 'The bizarre and terrifying case of the "deepfake" video that helped bring an African nation to the brink' , *MotherJones*, 15 March 2019, www.motherjones.com/politics/2019/03/deepfake-gabon-ali-bongo/

⑰ Sarah Cahian, 'How misinformation helped spark an attempted coup in Gabon', *Washington Post*, 13 February 2020, 參見：www.washingtonpost.com/politics/2020/02/13/how-sick-president-suspect-video-helped-sparked-an-attemptedcoup-gabon/

⑱ www.youtube.com/watch?v=F5vzKs4z1dc

⑲ Tashny Sukumaran,'Malaysia's Azmin Ali sex scandal: minister's aide asked me to lie, says Haziq Abdul Aziz, who claims he is the other man in viral video', scmp.com, 13 June 2019, www.scmp.com/week-asia/politics/article/3014355/malaysias-azmin-alisex-scandal-ministers-aide-asked-me-lie-says

⑳ Philip Golingai, 'Is it Azmin or a deepfake?', *The Star*, 15 June 2019, 參見：www.thestar.com.my/opinion/columnists/one-mans-meat/2019/06/15/is-it-azmin-ora-deepfake

## 5 失控的深度造假

① Harriet Johnston, '"Vulnerable" Prince Harry "stands by" what he said in phone calls with Russian pranksters posing as Greta Thunberg and her father, but still feels "violated", royal expert claims', *Daily Mail*, 17 March 2020, 參見：www.dailymail.co.uk/femail/article-8120967/Prince-Harry-stands-said-prank-phone-calls-feltviolated-royal-expert-claims.html

② Jonathan Shen and Ruoming Pang, 'Tacotron 2: generating human-like speech from text', Google AI Blog, 19 December 2017, https://ai.googleblog.com/2017/12/tacotron-2-generating-human-like-speech.html

③ https://knowyourmeme.com/memes/navy-seal-copypasta

④ www.youtube.com/watch?v=zBUDyntqcUY

⑤ www.youtube.com/watch?v=drirw-XvzzQ

⑥ www.youtube.com/watch?v=vk89hEhst88

⑦ Matt Novak, 'Make Jordan Peterson say anything you want with this spooky audio generator', *Gizmodo*, 16 August 2019, https://gizmodo.com/make-jordan-peterson-sayanything-you-want-with-this-sp-1837306431

⑧ Valerie Solanas, 'The SCUM Manifesto', 1968年印行，參見：https://www.ccs.neu.edu/home/shivers/rants/scum.html

⑨ Jordan Peterson, 'The deepfake artists must be stopped before we no longer know what's real', *National Post*, 23 August 2019, 參見：https://nationalpost.com/opinion/jordan-peterson-deep-fake

⑩ 同上。

⑪ Catherine Stupp, 'Fraudsters used AI to mimic CEO's voice in unusual cybercrime case' , *The Wall Street Journal*, 30 August 2019, 參見：www.wsj.com/articles/fraudstersuse-ai-to-mimic-ceos-voice-in-unusual-cybercrime-case-11567157402

⑫ www.crowe.com/global/news/fraud-costs-the-global-economy-over-us$5-trillion

⑬ https://www.descript.com/lyrebird-ai

⑭ https://s3.amazonaws.com/media.mediapost.com/uploads/EconomicCostOfFakeNews.pdf

⑮ 這起事件也讓特斯拉的市值再創新高，正式超越全美兩大汽車製造商（福特和通用）的市值總和。福特和通用汽車二〇一九年在美國的汽車產量至少有兩百萬輛，而特斯拉僅三十六萬。

⑯ Richard Henderson, 'Tesla short sellers take further hit in battle with Elon Musk' , *Financial* Times, 3 February 2020, 參見：www.ft.com/content/32c9c8c4-4478-11ea-a43a-c4b328d9061c

⑰ 同上。

⑱ Russell Hotten. 'Elon Musk tweet wipes $14bn off Tesla's value', BBC News, 1 May 2020, www.bbc.co.uk/news/business-52504187

⑲ Craig Silverman, Jane Lytvynenko and William Kung, 'Disinformation for hire: how a new breed of PR firms is selling lies online' ,BuzzFeed News, 6 January 2020, www.buzzfeednews.com/article/craigsilverman/disinformation-for-hire-black-pr-firms

⑳ www.ted.com/speakers/noelle_martin

㉑ Samantha Cole, 'This horrifying app undresses a photo of any woman with a single click', *Vice*, 26 June 2019, www.vice.com/en_us/article/kzm59x/deepnude-app-createsfake-nudes-of-any-woman

㉒ Giorgio Patrini, 'Mapping the deepfake landscape', deeptracelabs.com, 7 October 2019, https://deeptracelabs.com/mapping-the-deepfake-landscape/

㉓ Ian Sample, 'Internet "is not working for women and girls", says Berners-Lee', *The Guardian*, 12 March 2020, www.theguardian.com/global/2020/mar/12/internet-notworking-women-girls-tim-berners-lee

㉔ https://wikileaks.org/podesta-emails/press-release

㉕ https://dcpizzagate.wordpress.com/2016/11/07/first-blog-post/

㉖ https://dcpizzagate.wordpress.com/2016/11/07/first-blog-post/

㉗ Burt Helm, 'Pizzagate nearly destroyed my restaurant. Then my customers helped me fight back' , *Inc.*, July/August 2017, 參見：www.inc.com/magazine/201707/burthelm/how-i-did-it-james-alefantis-comet-ping-pong.html

㉘ 同上。

## 6 武漢肺炎：資訊末日全球擴散的「完美示範」


① Veronika Melkozerova and Oksana Parafeniuk, 'How coronavirus disinformation caused chaos in a small Ukrainian town', NBC News, 3 March 2020, www.nbcnews.com/news/world/how-coronavirus-disinformation-caused-chaos-small-ukrainian-town-n1146936

② Andrew Green, 'Obituary: Li Wenliang', *The Lancet*, 395.10225 (18 February 2020), 參見：www.thelancet.com/journals/lancet/article/PIIS0140-6736(20)30382-2/fulltext

③ 'He warned of coronavirus. Here's what he told us before he died', *The New York Times*, 7 February 2020, 參見：www.nytimes.com/2020/02/07/world/asia/Li-Wenliang-china-coronavirus.html

④ 'Chinese "disinformation" on coronavirus costing lives, say MPs', *Politics Home*, 6 April 2020, www.politicshome.com/news/article/chinese-disinformation-on-coronavirus-costing-lives-say-mps

⑤ 同上。

⑥ www.facebook.com/XinhuaUK/posts/1594877697326136

⑦ 'Chinese "disinformation" on coronavirus costing lives, say MPs', *Politics Home*, 6 April 2020, www.politicshome.com/news/article/chinese-disinformation-on-coronaviruscosting-lives-say-mps

⑧ Julian E Barnes, Matthew Rosenberg and Edward Wong, 'As virus spreads, China and Russia see openings for disinformation', *The New York Times*, 28 March 2020, 參見：www.nytimes.com/2020/03/28/us/politics/china-russia-coronavirus-disinformation.html

⑨ Agence France-Presse,' "Might be US Army who brought virus epidemic to Wuhan": Chinese official', ndtv.com, 13 March 2020, www.ndtv.com/world-news/us-army-mayhave-brought-coronavirus-into-china-claims-official-zhao-lijian-2194096

⑩ Oliver Milman, 'Trump administration cut pandemic early warning program in September', 3 April 2020, *The Guardian*, 參見：www.theguardian.com/world/2020/apr/03/trump-scrapped-pandemic-early-warning-program-system-before-coronavirus

⑪ Luciana Borio and Scott Gottlieb, 'Stop a U.S. coronavirus outbreak before it starts', *The Wall Street Journal*, 4 February 2020, 參見：www.wsj.com/articles/stop-a-u-scoronavirus-outbreak-before-it-starts-11580859525

⑫ Bethania Palma, 'Did President Trump refer to the coronavirus as a "hoax"?, Snopes.com, 2 March 2020, www.snopes.com/fact-check/trump-coronavirus-rally-remark/

⑬ https://therecount.com/watch/trump-coronavirus-calendar/2645515793

⑭ www.youtube.com/watch?v=33QdTOyXz3w

⑮ Kate O'Keeffe, Michael C. Bender and Chun Han Wong, 'Coronavirus casts deep chill over U.S.–China relations', *The Wall Street Journal*, 6 May 2020, 參見：www.wsj.com/articles/coronavirus-casts-deep-chill-over-u-s-china-relations-11588781420?mod=hp_lead_pos12

⑯ Alison Rourke and Lily Kuo, 'Trump claims China will "do anything" to stop his reelection as coronavirus row escalates', *The Guardian*, 30 April 2020, 參見：www.theguardian.com/world/2020/apr/30/trump-claims-china-will-do-anything-to-stop-hisre-election-as-coronavirus-row-escalates

⑰ Mark Mazzetti, Julian E Barnes, Edward Wong and Adam Goldman, 'Trump officials are said to press spies to link virus and Wuhan labs', *The New York Times*, 30 April 2020, 參見：www.nytimes.com/2020/04/30/us/politics/trump-administrationintelligence-coronavirus-china.html

⑱ Andrew Romano, 'New Yahoo News/YouGov poll shows coronavirus conspiracy theories spreading on the right may hamper vaccine efforts', Yahoo News, 22 May 2020, https://news.yahoo.com/new-yahoo-news-you-gov-poll-shows-coronavirus-conspiracy-theories-spreading-on-the-right-may-hamper-vaccine-efforts-152843610.html

⑲ 'Covid-19: the psychology of conspiracy theories', *The Guardian* podcast, 由Ian Sample主持, www.theguardian.com/science/audio/2020/may/05/covid-19-thepsychology-of-conspiracy-theories

⑳ Andrew Romano, 'New Yahoo News/YouGov poll shows coronavirus conspiracy theories spreading on the right may hamper vaccine efforts', 見註釋(18)

㉑ 反疫苗團體容易成為敵對國家攻擊的目標，而俄羅斯也的確利用了反疫苗團體，就像他們利用非裔美國人那樣。

㉒ Patrick Clarke, 'M.I.A. clears up her stance on vaccinations following Twitter backlash', *NME*, 3 April 2020, 參見：www.nme.com/news/music/m-i-a-clears-up-stancevaccinations-following-twitter-backlash-2640812

㉓ Reuters, 'Novak Djokovic's anti-vaccination stance may stop his return to tennis', *The Guardian*, 20 April 2020, 參見：www.theguardian.com/sport/2020/apr/19/

novak-djokovic-coronavirus-covid-19-vaccination-tennis

㉔ James Temperton, 'The 5G coronavirus conspiracy theory just took a really dark turn', *Wired*, 7 May 2020, www.wired.co.uk/article/5g-coronavirus-conspiracy-theory-attacks

㉕ 'XR Belgium posts deepfake of Belgian premier linking Covid-19 with climate crisis', *The Brussels Times*, 14 April 2020, 參見：www.brusselstimes.com/all-news/belgiumall-news/politics/106320/xr-belgium-posts-deepfake-of-belgian-premier-linking-covid-19-with-climate-crisis/

㉖ www.facebook.com/watch/ExtinctionRebellionBE/

㉗ Gideon Rachman, 'Jair Bolsanaro's populism is leading Brazil to disaster', *Financial Times*, 25 May 2020, 參見：www.ft.com/content/c39fadfe-9e60-11ea-b65d-489c67b0d85d

㉘ https://mrc-ide.github.io/covid19-short-term-forecasts/index.html

㉙ 'Editorial: COVID-19 in Brazil: "So what?"', *The Lancet* 395.10235 (9 May 2020), 參見www.thelancet.com/journals/lancet/article/PIIS0140-6736(20)31095-3/fulltext

㉚ Alexander Baunov, 'Where is Russia's strongman in the coronavirus crisis?', *Foreign Affairs*, 27 May 2020, 參見：www.foreignaffairs.com/articles/russianfederation/2020-05-27/where-russias-strongman-coronavirus-crisis

㉛ www.interpol.int/en/News-and-Events/News/2020/Global-operation-sees-a-rise-in-fakemedical-products-related-to-COVID-19

## 7 「反資訊末日」盟友集結！

① www.bellingcat.com

② www.newsguardtech.com/free/

③ www.newsguardtech.com/misinformation-monitor/

④ First Draft News, *First Draft's Essential Guide to Newsgathering and Monitoring on the Social Web* (October 2019); 參見：https://firstdraftnews.org/wp-content/uploads/2019/10/Newsgathering_and_Monitoring_Digital_AW3.pdf?x14487

⑤ https://firstdraftnews.org/latest/partnership-on-ai-first-draft-begin-investigatinglabels-for-manipulated-media/

⑥ https://reutersinstitute.politics.ox.ac.uk/about-reuters-institute

⑦ https://reporterslab.org

⑧ www.niemanlab.org

⑨ https://faculty.ai/ourwork/identifying-online-daesh-propaganda-with-ai/

⑩ https://faculty.ai/ourwork/identifying-online-daesh-propaganda-with-ai/

⑪ www.darpa.mil/program/media-forensics

⑫ www.kaggle.com/c/deepfake-detection-challenge/overview/description

⑬ https://jigsaw.google.com/issues/

⑭ www.newsprovenanceproject.com/about-npp

⑮ Hanaa' Tameez, 'Here's how *The New York Times* tested blockchain to help you identify faked photos on your timeline', niemanlab.org, 22 January 2020, www.niemanlab.org/2020/01/heres-how-the-new-york-times-tested-blockchain-to-help-you-identifyfaked-photos-on-your-timeline/

⑯ David Smith, 'Trump signs executive order to narrow protections for social media platforms', *The Guardian*, 29 May 2020, 參見：www.theguardian.com/

usnews/2020/may/28/donald-trump-social-media-executive-order-twitter

⑰ Charles Duan and Jeffrey Westling, 'Will Trump's executive order harm online speech? It already did', *Lawfare*, 1 June 2020, www.lawfareblog.com/will-trumps-executive-order-harm-online-speech-it-already-did

⑱ Ron Miller, 'IBM unveils blockchain as a service based on open source Hyperledger Fabric technology', techcrunch.com, 20 March 2017, https://techcrunch.com/2017/03/19/ibm-unveils-blockchain-as-a-service-based-on-open-source-hyperledger-fabric-technology/

⑲ Kathryn Harrison, 'Deepfakes and the Deep Trust Alliance', www.womeninidentity.com, 5 November 2019, 參見：https://womeninidentity.org/2019/11/05/kathrynharrison-deepfakes-deeptrustalliance

⑳ 'National security concept of Estonia', 愛沙尼亞國會修訂, 12 May 2010（非官方譯文），www.eda.europa.eu/docs/default-source/documents/estonia---national-security-concept-of-estonia-2010.pdf

圖片來源說明：

頁32｜【圖左】十二張人臉圖片來源：Toronto Faces Database (Susskind, J., Anderson, A., Hinton, G.E.: The Toronto Face Dataset. TechnicalReport UTML TR 2010-001, University of Tornoto, 2010)。由Ian J. Goodfellow、Jean Pouget-Abadie, Mehdi Mirza、Bing Xu、David Warde-Farley、Sherjil Ozair、Aaron Courville、Yoshua Bengio等人用生成對抗網路所生成（Departement d' informatique et de recherche operationnelle, University de Montreal, QC H3C 3J7, 2014 © Ian J. Goodfellow, 2014. 參見： http://papers.nips.cc/paper/5423-generative-adversarial-nets.pdf）；【圖中、圖右】人臉圖片來源：Tero Karras、Samuli Laine及Timo Aila建立的人臉風格基礎型生成對抗網路（A Style-Based Generator Architecture for Generative Adversarial Network）, 2018/NVIDIA. 請參見：arxix.org/abs/1812.04948）

頁35｜圖片來源：David King Collection © Tate

頁73、76及80｜圖片來源：社群媒體廣告，可於「美國眾議院常設情報委員會」（Permanent Select Committee on Intelligence）下載，網址：https://intelligence.house.gov/social-media-content/social-media-advertisements.htm

thinkin' tank
001

# 深度造假

比真實還真的AI合成技術，如何奪走人類的判斷力，釀成資訊末日危機？


作　　者　妮娜・敘克 Nina Schick
譯　　者　林曉欽
主　　編　林昀彤
特約編輯　葉芝吟
封面設計　張曉君
內文排版　菩薩蠻數位文化有限公司

社　　長　郭重興
發行人兼出版總監　曾大福
編輯出版　遠足文化事業股份有限公司 拾青文化
官網：www.goeureka.com.tw
發　　行　遠足文化事業股份有限公司
http://www.bookrep.com.tw
23141新北市新店區民權路108-2號9樓
電話：(02) 22181417
客服專線：0800-221029 傳真：(02) 86671065
郵撥帳號：19504465 戶名：遠足文化事業股份有限公司
法律顧問　華洋法律事務所／蘇文生律師
印　　製　中原造像股份有限公司
初版一刷　2020年10月
定　　價　400元
I S B N　978-986-99559-0-4（平裝）



特別聲明：
有關本書中的言論內容，不代表本公司/出版集團之立場與意見，文責由作者自行承擔

有著作權・侵害必究
本書如有缺頁、破損裝訂錯誤，請寄回更換



DEEP FAKES AND THE INFOCALYPSE: WHAT YOU URGENTLY NEED TO KNOW by NINA SCHICK

First published in Great Britain in 2020 by Monoray, an imprint of Octopus Publishing Group Ltd



Text Copyright © Tamang Ventures Ltd 2020

Copyright © Octopus Publishing Group Ltd 2020

Nina Schick asserts the moral right to be identified as the author of this work.



This edition arranged with OCTOPUS PUBLISHING GROUP LIMITED through Big Apple Agency, Inc., Labuan, Malaysia.



Traditional Chinese edition copyright © 2020 Eureka Culture, a division of Walkers Cultural Enterprises, Ltd.

All rights reserved.

國家圖書館出版品預行編目(CIP)資料

深度造假：比真實還真的AI合成技術,如何奪走人類的判斷力,釀成資訊末日危機？ / 妮娜.敘克(Nina Schick)著；林曉欽譯. -- 初版. -- 新北市：拾青文化出版：遠足文化發行, 民109.10

面；　公分. -- (thinkin' tank ; 1)

譯自：Deep fakes and the infocalypse : what you urgently need to know

ISBN 978-986-99559-0-4(平裝)

1.資訊社會 2.網路社會 3.人工智慧

541.415　　109014581